恩格斯传
ENGESI ZHUAN

【德】古斯达夫·梅尔 著

郭大力 译

图书在版编目（CIP）数据

恩格斯传 /（德）古斯达夫·梅尔著；郭大力译. —北京：中央编译出版社，2022.11（2024.7重印）

ISBN 978-7-5117-4025-0

Ⅰ. ①恩… Ⅱ. ①古… ②郭… Ⅲ. ①恩格斯（Engels, Friedrich 1820—1895）-传记 Ⅳ. ①A721

中国版本图书馆 CIP 数据核字（2022）第 191760 号

恩格斯传

责任编辑	张　科
责任印制	李　颖
出版发行	中央编译出版社
地　　址	北京市海淀区北四环西路 69 号（100080）
电　　话	（010）55627391（总编室）　　（010）55627362（编辑室）
	（010）55627320（发行部）　　（010）55627377（新技术部）
经　　销	全国新华书店
印　　刷	北京雅昌艺术印刷有限公司
开　　本	710 毫米×1000 毫米　1/16
字　　数	144 千字
印　　张	17.25
版　　次	2022 年 11 月第 1 版
印　　次	2024 年 7 月第 2 次印刷
定　　价	88.00 元

网　　址	www.cctphome.com　　　邮　箱　cctp@cctphome.com
新浪微博	@中央编译出版社　　　微　信　中央编译出版社（ID：cctphome）
淘宝店铺	中央编译出版社直销店（http://shop108367160.taobao.com）　　（010）55627331

本社常年法律顾问　北京市吴栾赵阎律师事务所律师　　闫军　梁勤
凡有印装质量问题，本社负责调换。电话：（010）55627320

出版前言

恩格斯（Friedrich Engels，1820—1895）是无产阶级革命导师，马克思主义的创始人之一，马克思的亲密战友。1820年11月28日，恩格斯出生于德国巴门市（今伍珀塔尔市）。他从青年时代就积极关心、参与工人运动，1844年2月在《德法年鉴》上发表《国民经济学批判大纲》，完成了从唯心主义向唯物主义、从革命民主主义向共产主义的转变。1844年恩格斯开始与马克思的伟大合作，合著《神圣家族》和《德意志意识形态》。1845年出版《英国工人阶级状况》。1847年恩格斯与马克思一起帮助正义者同盟改组为共产主义者同盟，并为同盟起草纲领《共产党宣言》。恩格斯积极投身1848—1849年革命，同马克思一起创办《新莱茵报》，指导革命斗争。革命后，为总结革命经验，撰写《德国农民战争》《德国的革命和反革命》等著作。1850—1869年，恩格斯在曼彻斯特经商期间，为马克思完成《资本论》的创作提供无私帮助。1870年恩格斯移居伦敦后，积极参与国际工人协会的领导工作，热情支持巴黎公社。1876—1878年，恩格斯撰写《反杜林论》，对马克思主义的三个组成部分作了系统阐述。恩格斯还深入研究了自然界和自然科学中的辩证法问题，撰写了《自然辩证法》。马克思逝世后，恩格斯独自承担领导国际工人运动的重任，指导各国无产阶级的革命斗争和政党建设，整理和发表马克思的文献遗产，出版了马克思的《资本论》第二卷和第三卷。恩格斯在晚年，捍卫和发展了马克思主义科学世界观，撰写了《家庭、私有制和国家的起源》《路德维希·费尔巴哈和德国古典哲学的终结》等重要著作以及一系列阐述历史唯物主义的书信，丰富了马克思主义的理论宝库。

恩格斯的名字和学说在中国的传播，是同马克思的学说在中国的传播紧密联系在一起的。1949年前，有关恩格斯生平介绍的诸多文献中，由郭大力编译的《恩格斯传》是中国关于恩格斯生平、思想最全面的传记类作品。郭大力编译《恩格斯传》的过程非常曲折，在战火中，他的译稿遭失后又进行重译。他在序言中写道："我不惜再三重新动笔，是因为这位思想家的生活太使人敬爱了。他的勇敢，他的热情，他的谦虚，实在使人神往。同一工作的反复所以不致令人厌倦，主要就是为了这点。"该书于1947年首次出版，此后，于1948年、1949年多次再版。全书分为"家族和幼年""练习生和青年著作家""青年德意志运动和青年黑格尔派""在柏林""第一次在英国"等26个章节，以及恩格斯相册、恩格斯大事年表等，将恩格斯的生平、思想进行了简练而精深的论述。

在新征程上，为进一步推动马克思主义理论研究，为新时代马克思主义中国化研究提供原汁原味的文本文献和思想资源，从历史文献中深切感受中国马克思主义话语体系的理论源头和历史演变，我们重新发掘整理了《恩格斯传》这部珍贵的著作，与读者共飨。

为更好地适应当下读者的阅读需要，增强其可读性，我们在保持原书内容和结构基本不变的前提下，一是对文字进行了审校，修订了部分错误；二是进行了重新排版；三是增加了恩格斯的珍贵影像，部分影像是第一次与中国读者见面。因第一部分内容翻译于20世纪40年代，第二部分和第三部分内容编写于当今，编者对部分人物、书名、地名不一致的地方作了注释，并保留了译者所在年代的语言风格和词语用法。由于时间有限，仍有做得不够的地方。我们希望这部著作能带给大家更好的阅读体验，同时也欢迎亲爱的读者给我们提出宝贵的意见和建议。

序

这是一个思想家的传记。在写这本传记时,我所根据的,是柏林大学社会民主党史教授古斯达夫·梅尔(Gustav Mayer)所著的 *Friedrich Engels: A Biography*。原著是一九三六年在伦敦出版的。

我在一九三八年第一次见到这个原本,因为友人郑易里在上海书店里买到了这唯一的一册,并愿意赠送给我。他赠我时,问我有没有意思和时间把它译成中文。

次年我在故乡第一次把它译成了中文,但不幸,译稿寄上海,意外遭了损失。再过一年,我到了广东。我决心把它再译一遍。但后来我决定回故乡时,友人张栗原看见这一包译稿,劝我不要携在身边。这第二次的译稿,才留在栗原家中。不料我同他别后一个月,他就作了古人了。那包译稿就和他的遗族一同遇了艰苦的命运。

这一个草稿,算来已经是第三次了。我不惜再三重新动笔,是因为这位思想家的生活,太使人敬爱了。他的勇敢,他的热情,他

注:为适应现代读者阅读需求,本文在原文基础上对部分字句进行了修改。

的谦虚，实在使人神往。同一工作的反复所以不致令人厌倦，主要就是为了这点。

可是，我这一回不能再是直译了。原著者在原本的序言上，有这样的话："二年前，我曾由海牙的马丁尼诺夫书店，用德文出版了一个《恩格斯传》，书分二册。在这个传记里，朋友俩的未曾发的遗稿，第一次有了刊行的可能。这个新传记，是我特别为英语的世界写的，所以我特别注意了恩格斯大半生住在英国的事实。"从这几句话看去，这所谓"新传记"，原不过是一个更大的传记的缩编本、改编本。现在，我与其第三次翻译这个缩编本、改编本，自不如等待将来，有机会再翻译那个更完全的传记了。

还有，直译的书是比较不易读的书。在一个不懂外国语的人看来，直译的书还往往成为难解的。经典的著作，固不许译者自由，但像这类著作，我是觉得，如果文字能够平易一点，那一定可以便利读者。就这一方面说，我原假定，我的读者有一部分是不识外国文字的。

最后，我必须声明，我除了决意要删去那些足以使文字显得累赘晦涩的文字，还发觉了，原著后半，尤其是关于第一次大战前夜的情形的叙述，完全是采取当时德国社会民主党的立场。我觉得，不酌量删改，是容易引起错误的。

这样，这个草稿就已经不是单纯的译稿了。

郭大力
一九四二年十二月

目　录

第一部分　生平与事业 ·· 001
　　一　家族和幼年 ··· 003
　　二　练习生和青年著作家 ··· 006
　　三　青年德意志运动和青年黑格尔派 ······························· 009
　　四　在柏林 ··· 014
　　五　第一次在英国 ··· 019
　　六　和马克思的友谊 ··· 027
　　七　回到巴门 ··· 031
　　八　在布鲁悉 ··· 035
　　九　在巴黎 ··· 040
　　十　党的形成 ··· 044
　　十一　《新莱茵新闻》 ·· 048
　　十二　德国革命 ··· 053
　　十三　在伦敦 ··· 063

十四	在孟彻斯德	069
十五	军事研究家	077
十六	工厂主	088
十七	德国的内政	097
十八	再成为自由人	105
十九	国际的分裂	113
二十	社会民主党的统一	120
二十一	社会主义取缔法	127
二十二	俾斯麦与社会主义运动	134
二十三	各国的社会主义运动	140
二十四	第一次欧战前夜的情形	154
二十五	晚　年	166
二十六	终	171

第二部分　恩格斯相册　175

第三部分　恩格斯大事年表　219

第一部分　生平与事业

一　家族和幼年

德意志的工业,最早是在莱茵河一带发展的。巴门(Barmen),德意志纺织业的中心,曾有"德意志的孟彻斯德①"的称呼。初期资本主义社会的实况,在十八世纪初年,已经在那些工业化的区域出现了。工厂的工作状况,是十分悲惨的。真如我们这里要讲的这位思想家说的,在工厂的低梁下,工人们"与其说在呼吸氧气,毋宁说是在呼吸烟煤和尘灰"。儿童从六岁起,就被囚禁在工厂里,成为"牺牲品"。就在这时代,这地方,这情形下,我们一位大思想家腓特烈②·恩格斯(Friedrich Engels)生长了。

恩格斯的家世,可以在吴培达尔③(Wuppertal)远溯至十六世纪末叶。他的祖先,似乎曾经是小农业者。那时,那里的纺纱工业已经相当地繁荣了。家族世营的职业——纺织业——不知在什么时候开始,成为开业之祖,为家族奠定未来繁荣基础的,是腓特烈的

---

① 今译"曼彻斯特",下同。
② 今译"弗里德里希",下同。
③ 今译"伍珀塔尔",下同。

曾祖父,而在十八世纪末叶,在他祖父约翰·加斯巴①(Johann Caspar)手里,大繁荣起来。

约翰·加斯巴去世后,他的营业留给他的三个儿子。他们的意见不能和洽,才以抽签法,决定这个营业应由谁去继承。腓特烈的父亲失败了。他离开了老店,和姓欧门(Ermen)的两兄弟,新设了一个棉工厂。工厂先是在一八三七年设立于孟彻斯德,后又于一八四一年设立于巴门和恩格斯克郡②(Engelskirchen)。那时,德国纺织业虽然已经很繁荣,但生产技术还很幼稚。不管怎样困难,他还是设法在他的德国工厂内,采用种种最上等的英国机器。

一八二〇年十一月二十八日,腓特烈·恩格斯诞生在他的故乡——巴门。他父亲还只二十四岁,母亲还只二十三岁。母亲爱丽丝③(Elise)是一个敏感而富有想象力的女人。她喜欢笑,就在年纪已经很高的时候,也还有时笑出泪来。父亲是一个严格的信徒,他信圣经每一个字都是神授的。他虽然时常到英国去,不致抱过于墨守的成见,但家族的传统,迫使他不得不严守正统派的信仰。

关于腓特烈·恩格斯的童年,留下的报告是不多的。他是八个兄弟姊妹中最长的一个。家庭的记录,很看重如下的事实:他的仁慈的天性,很早就表示了。他常常把他的少许积蓄,全数施舍给贫民。他在巴门上小学,一直到十四岁,才转到易尔伯④(Ellerbeld)高等学校去。那个学校,曾被推称为普鲁士最好的学校之一。在那里,腓

---

① 今译"约翰·卡斯帕尔",下同。
② 今译"恩格尔斯",下同。
③ 今译"爱丽莎",下同。
④ 今译"埃尔伯费尔德",下同。

第一部分　生平与事业

特烈未来的生活，由他父亲写给他母亲的一封信，暗示出来了。父亲信上说："腓特烈带回上星期的报告。你知道，他的态度已经改良了。但不管过去有怎样严重的责罚，他还是不知道顺从，打也不怕。今天我非常烦躁，因为我在他抽屉里发现了一本旧书，从一个图书馆借来的，是一个十三世纪人的小说。上帝保佑这个孩子的心罢，这个孩子虽然在别的方面极有希望，但我对于他，总是担心着啊！"

父亲对于儿子的前途，怀着满腔隐忧的豫觉。他知道，这个能干的孩子的禀赋，和这个有秩序的保守的虔敬家族的习惯，是冲突的。但背叛的儿子，最初并没有想要越出基督教的范围，去寻求精神需要的满足。基督教的理想，在巴门把他包围着；他自己的精神需要，还在半醒状态中。一八三七年他行坚信礼时，还恳切希望在家族的传统信仰中，寻求所盼望的"安静的宗教乐趣"。坚信礼给予他的生活格言是："忘记那在后面的东西，求取那在前面的，我要努力前进，实现上帝加在基督耶稣身上的高贵的使命。"这一个格言，无疑为他后来的生活，指示了一个方向。

不过，这只是一个空空洞洞的指示。决定他后来生活上最重要的事情，是他周围的工人阶级的情形。每天，这个小孩上学校去，总要走过工厂的旁边。他看到工人生活的困苦与堕落，是不能以旁观者自居的。他自己是一个工厂主的儿子，但他怀疑工厂主的良心。他觉得，"虽然每个星期日要到教堂去两回"，但一个制造家，即便抱敬虔派的信仰，也不会为救一个孩子下地狱去。

所以，从童年起，恩格斯就认识了工厂制度的真性质。而资本主义初期工厂制度的黑暗面，也注定了要由他提出第一幅完全的画图。

 恩格斯传

二 练习生和青年著作家

据恩格斯家族传下来的报告，恩格斯本来想学法律。他的志向后来改变了：改变的理由，有两种不同的解释。据一种说明，是父亲反对腓特烈上大学，而要他去经商，虽然他自己无意于此。依别一种说明，是腓特烈自己放弃了学法律的念头，因为他有了自由的见解。不愿在普鲁士做官。腓特烈在学校里，差一年没有毕业，就退学了。在退学报告上，校长写到，"他以前虽有升大学的计划"，但现在"他相信他自己宁可经商，把这当作外部的事业"。

在十七岁时，恩格斯曾经认为他的内部的事业，实在的事业，是文学。但家族的传统和父亲的坚决反对，使这种志愿没有实现的可能。最初，恩格斯好像是在父亲店里受营业上的训练。对于这件事，父亲曾经为长期的考虑。结果，他被遣到布勒门①（Bremen）去了。在那里，宗教的空气是和在他的故乡一样严厉。他住在托里维伦拿士牧师（Pastor Treviranus）家里，而在康梭·鲁卜尔特（The Consul Leupold）的出口部，做一个不支薪水的练习生。这样的环境，

---

① 今译"不莱梅"，下同。

第一部分 生平与事业

正是父亲所欲选择的。

由腓特烈写给他妹妹玛利和旧学友的信札,可以知道他在布勒门的生活的一斑。在事务所里,他的工作不怎样繁重。经理先生一出去,练习生的办公桌上,就可以看见啤酒瓶和雪茄烟,甚至可以看见一卷诗,一封未写完的信。饭后,腓特烈照例有一点钟休息的时间;他把一张吊床,搬到货栈的最高一层楼上,可以在那里午睡一会。一有空闲的时间,他是喜欢运动的。对于舞剑,他特别感到兴致。星期日,他常骑马,在布勒门周围的乡村驰骋,他喜欢游泳。布勒门是以音乐而著名的;他参加了当地的音乐会,还曾编撰乐谱。他参加了当地的友谊协会,那是当地青年商人的集会处。在那里,有各国的报纸,他可从那里学习语言。他写给他妹妹玛利的信中,有时会用一些西班牙语、葡萄牙语、意大利语、荷兰语、法语、英语;他曾笑说他能用二十五种不同的语言讲话。

他十八岁了。在新的生活环境内,空气和在家乡一样富有宗教的严肃和敬虔心,但一离开父亲的束缚,他就开始去整理那正在形成中的新见解了。许多的印象,留在他心中,要他去整理。他开始写一点杂感之类的文章,送到报社和杂志社,居然常常有发表的机会。当然,他这时清算的对象,就是在他幼年压迫着他的宗教精神了。

一八三九年,他在《德意志电讯》(*Telegraf Für Deutschland*) 三月号四月号,大发了一番反对那种宗教精神的言论。这个杂志,是由著名青年德意志派作家库兹考①(Gutzkow) 编辑的。恩格斯当时

---

① 今译"古茨科",下同。

是用腓特烈·奥斯渥①（Friederich Oswald）这个假名。他在这个杂志上发表的《吴培达尔通讯②》，曾在易尔柏和巴门引起许多人注意。谁也不会猜想到作者是一个制造家的儿子，并且这位制造家还是一位这样可敬的基督信徒。

在家里，他没有机会阅读当代各著作家的著作。一到布勒门，他就开始做他在家里不能够做的事情了。他自由地从那些著作吸收新的印象。不久，他的批判力，也觉醒了。遇着一个叫他注意的新作家，他就要寻出他的先驱者：最小的指示，也会引起他的敏捷的赏识。这样，他发现了两个人，在以后数年间，成为他的老师。由库兹考，他知道了库兹考的老师白尔尼③（Borne）；由斯托劳斯④（Strauss），他受到了黑格尔（Hegel）的影响。他越是理解斯托劳斯的《耶稣传》，他关于圣经神授这件事所抱的信念，就越是动摇。他知道在圣经制作上人和神是一样参加时，他心头就疑团重重了。斯托劳斯告诉他，圣经中的明明白白的矛盾，是圣经逐字神授的假设，没有支持的可能。他以前对于宗教的严格传统，原只有一种下意识的厌恶心理；现在，他觉得，他必须在神学上有一个坚固的立足点，来参加德国神学上哲学上的论战了。他知道，在神学上，只有斯托劳斯和黑格尔左派，能够引导他到他想走的确实的路上去。

---

① 今译"弗里德里希·奥斯瓦德尔"，下同。
② 今译"伍珀河河谷来信"，下同。
③ 今译"博尔内"，下同。
④ 今译"斯特劳斯"，下同。

第一部分　生平与事业

三　青年德意志运动和青年黑格尔派

宗教的斗争，不久就演变成了思想上和哲学上的斗争。法国革命的教训，使统治着全国的保守主义者，知道对于权威的反叛，无论是社会的、政治的，还是宗教的，结果都会影响全国威权的每一个掌握者。维也纳会议算把欧洲的旧秩序重新确立了，但一八一五年以后，革命与保守的势力，又处在对立的地位了。革命势力的凶猛，使统治者惊愕而且骇怕。保守主义的安全，不许再冒第二次的危险了。因此，保守主义的第一个条文，是一切现存的威权是绝对互相依存的。教会与国家缔结了不可摇撼的同盟。为了维持世界的秩序，地上必须有一个绝对的君主，天上必须有一个万能的统治。严格的宗教正统，绝对的君主政治和贵族，是由共同的利益连成一气了。因此，要反对他们中的一个，便必然要反对他们的全体；并且，要反对他们，还必须反对他们的哲学——浪漫主义的哲学。

歌德（Goethe）和黑格尔死后数十年间，德意志人的志趣，最活跃地为哲学问题宗教问题占据着。在这当中，也时时有社会问题出现，但政治上的公开主张，还是不可能的。报纸不许发表政治论文；政治的集会结社，在禁止之列。政府对于自由主义的要求，是采用压制手段。可是，压制手段反而使青年自由主义激切地走向激进主义。政党没有成立的可能，但青年的行动要求，没有某种行动的组织是不可行的。当然，这种组织只有在文学上和哲学上才可能。

在当时，文学方面的组织有青年德意志，哲学方面的组织有青年黑格尔派。这两种运动，恩格斯都参加了。

最初吸引他的，是文学的青年德意志运动。他曾把这个运动叫作"现代文学的女皇"。它的通俗的文体，和他在家里看惯的过分虔敬生活，成一个尖锐的对照。正如恩格斯所赞美的一样，这个运动主张了下一代人的权利。不过，他虽然很骄傲地站在青年德意志派作者中间，他还是觉得，他的精神的实在需要，必须到另一个地方去满足，自他的兴趣转向公众生活以来，他就渴望有一个真正的同志，指导他从现代生活的迷宫走出来，但在青年意志内圈之内，他不能发现一个人具备这个条件。他的政治兴趣越是增加，他就越是对他们失望。一读到新故的白尔尼的著作，他就充分认识到这个团体是没有力量的了。

那时德意志没有另一个人能够像白尔尼那样忠心于政治问题，那样牢守自己的见解，那样无私地把自己的一切文学天才，用来支持与统治阶级相反的新观念了。恩格斯觉得，白尔尼可能是西方激进主义思想最好的解释者。自一八三九年到一八四二年，他的书信和论文，不倦地把白尔尼推称为自由与正义之英勇的斗争者，他在政治学上所给予他的影响，和黑格尔在哲学上所给予他的影响，是一样大。他转向黑格尔时，他还觉得，时代的任务，将成为"黑格

第一部分　生平与事业

尔和白尔尼的综合"，将成为知识和生活，哲学和近代趋势的调和。白尔尼的革命见解，在这时支配着他。

只要读一读他那时撰的一首诗《傍晚》，我们对于这位二十岁青年的心理，是可以窥见一角的。这首诗，发表在一八四〇年八月号的《电讯》上，用"明天来了"这样一句格言做标题。这句格言，是由雪莱（Shelley）作品中借用的。诗中描写一位青年，在夕阳中，立在威塞尔河畔的加尔登。卡尔德伦的悲剧展开在他眼前。傍晚的光景，使他突然想到他所梦想的黎明，这是自由的黎明，会使全世界转为乐园的黎明。在幻想中，爱成了一切人间的联系，一切人全被视为同一个精神家族的成员。他觉得，在自由王旗飘扬着的地方，船会把那"长成为人类幸福"的谷物，不是把那种"专为一个人赚钱的货物"，运送进来。社会主义思想已经萌了芽，不过表面上还只是和平与自由的萌芽。青年的恩格斯，已经认识了现代经济秩序的弱点。由青年德意志运动的媒介，他已经知道了圣西门主义。在一篇评论摩里兹·安特（Ernst Moritz Arndt）的论文发表在《电讯》二月号里，他"用不复与现代观念相合"一语，来排斥断分制度（Entail-system）包含着的所有权观念。这时候，这种思想在他心里虽还不过是一种淡淡的云，但在白尔尼的阵容中，他已经是一个与牧师反对的自由思想家，是一个与君主政治反对的共和主义者，是一个与贵族王公反对的民主主义者。有一次，他妹妹从一间高级寄宿学校，用女学生的骄傲心，告诉他，说她见了巴登大公夫人。恩格斯看了很不高兴，回信说："你以后再看见这一类贵夫人时，只要告诉我，她漂亮么？对于这种人，我只有这种兴致。"

 恩格斯传

使他更进一步的，是青年黑格尔派。新的德意志哲学，至黑格尔而进入危机阶段。黑格尔比任何别的学派，都更看重国家的重要性。所以，在腓特烈·威廉三世的政府下，曾有许多黑格尔派，被委派去充任教授。正统宗教虽发现黑格尔的神的观念与神学违背，但普鲁士的官僚在这个问题上面原没有严格的见解。反动派虽不断提出警告，黑格尔的哲学仍不失王家哲学的地位。但自斯托劳斯《耶稣传》出版表示青年黑格尔派已经不相信圣经的绝对神授性以来，反动派作家提出的警告，就更被人注意了。

实在说，青年黑格尔派的势力，也就是在这个时候开始的。一八三八年之后，阿尔诺德·露格①（Arnold Ruge）的《哈勒年报②》成了一个集合点。这更年轻的一代，已经用他们的观念，当作武器，来反对教会与国家的二元论了。照黑格尔说，思想结构也受发展法则的支配。但怯弱的反动时代，使他迷惑，以致认为暂时的历史的现象，有绝对的性质。更年轻的一代，却由巴黎的七月革命，受到一种刺激。他们不久就用黑格尔的学说，来试验黑格尔自己的哲学了。黑格尔的辩证法，在前进中受着一种限制。在黑格尔的体系中，整个自然史及精神世界，都被看作是一个过程，即永恒的运动、变化、转换和发展；他企图证明那些运动与发展之间的内在的联系。但他又要在这种发展中，承认教会和国家是绝对的。他的青年学徒看到了这种限制，并且要从这种限制中，把辩证法解放出来。他们看破了宗教和国家的绝对性。把它们看作是辩证法的对象，看作是历史过程的产物。

---

① 今译"阿尔诺德·卢格"，下同。
② 今译"哈雷年鉴"，下同。

第一部分 生平与事业

腓特烈·威廉四世登位，才使黑格尔派的地位动摇。恩格斯就在他们的地位开始动摇时，到风潮中心地柏林来。恩格斯在布勒门住了两年，在一八四一年春，离开那里了。他的精神正切求能够成熟，而不受扰乱。所以他决定到一个设有大学的都市来受军事训练。柏林是最适当的地点，因为在那时，柏林正是精神斗争的战场。他觉得，他自己也在从事这种斗争。黑格尔激进派，欢迎"腓特烈·奥斯渥"的来到。这一群青年作家，自命为"自由人"；在他们里面，布鲁诺·鲍尔①（Bruno Bauer）和史迪讷②（Stirner）是波希米人中最闻名的。

新王反对时代精神的决心，日益明显地表现出来了。他委任斯丹尔③（Stahl）和谢林（Schelling）为柏林大学教授，斯丹尔是基督教国家的使徒；谢林是黑格尔的最著名的反对派，斗争终于不可避免。激进派于是举起了十字火。

最早的攻击，是在哲学上提出的。布鲁诺·鲍尔对于福音书的批评，使他们不必要接受基督教。神和不朽者的信仰成了不必要的。君主政治无论是专制的还是立宪的，在他们眼里，也都成了空洞的观念，甚至国家本身，从史迪讷和布鲁诺·鲍尔的著作看来，也成了多余的。唯一剩下的，正如费尔巴哈（Feuerbach）所说，只是人道的信仰。费尔巴哈使他们在人道主义伦理学的建立上，得到一种新的刺激。他们注意世间，注意行动。由哲学到社会主义的路，就是这样开放的。

---

① 今译"布鲁诺·鲍威尔"，下同。
② 今译"施蒂纳"，下同。
③ 今译"斯塔尔"，下同。

恩格斯传

四　在柏林

恩格斯正好在青年黑格尔派进行精神斗争的时候，来到风潮的中心地。他被卷入风潮中，反过来风潮又被他推进了。他是在一八四一年秋，以志愿兵的资格，加入浩士霍炮队。在这个秋天，反对的两派接火了。国王委派谢林的目的，就是叫他去破坏青年黑格尔派的势力。谢林的就职演说，把哲学的新发展，当作无用的，误解的来指斥了。

恩格斯听了谢林的演说，是怎样觉得愤怒啊！对于黑格尔哲学已经研究有素，但对于希腊哲学，斯宾诺莎（Spinoza）、莱布尼兹①哲学还只有很浅的认识的他，竟受热情的驱使，去和谢林这样一个公认的权威者挑战。一八四二年他发行了两个小册子，都是匿名的。先出的一册，题名《谢林与启示》。许多年间，这个小册子被认为是巴枯宁的著作。在里面，他大胆表白了他的自信。他指责谢林：因为在谢林看来，世界史全部只是一序列外在的偶然的事迹，在其间，只有神的手可以避去罪恶。黑格尔的神是人类发展中的神，谢林的

---

① 今译"莱布尼茨"，下同。

第一部分　生平与事业

神却不是这样。在后出的一册内,他披上敬虔派的外装,把谢林捧上天。当然,这不是真正恭维他,只是想由这个方法,来破坏谢林的哲学地位。

这时候,恩格斯挣脱了一切的束缚,成为一个无神论者了。现在,他是"自由人"中间最大胆的一个了。布鲁诺·鲍尔失去波恩大学讲师地位这件事,也使他愤怒。为这件事,他做了一些文章表示不平。一八四二年秋,他写了一篇论文,送给激进派诗人侯威①(Georg Herwegh),题名《腓特烈·威廉四世论》。他猛烈攻击新王扶育浪漫派国家学说的"诡辩"的企图。他说,浪漫派的国家学说及其"有机国家"论,不过是世袭贵族政治的辩护。他郑重否认腓特烈·威廉四世有建设其政治体制成功的可能。他说,国王不允许出版的自由,但将被迫承认出版的自由;只要出版的自由一被承认,国会就会在一年之内成立。出版自由和国会,已成为普鲁士舆论集中注意的问题了。

斯托劳斯的影响,使他怀疑基督教的信仰;费尔巴哈更使他进一步怀疑一切宗教。费尔巴哈的基督教的本质,不承认神与不朽性。他看重人,但不把人当作单纯的思想存在体,而把意志的力量和感情的丰富,看得和思想的强固同样重要。在费尔巴哈的哲学内,行动有了重要的地位。

但这一切的影响,不过使恩格斯成为一个无神论者。费尔巴哈虽然分解了思辨的观念,但没有注意现实的社会问题。他的人类,只是孤立的人类。他的影响,在哲学范围内是革命的,但这位

---

① 今译"海尔维格",下同。

"隐者"全然不能把握行动问题的重要，也不能把握行动问题的本质。

在这里，冲进来了摩塞·赫斯①（Moses Hess）。他的《三国政治②》（The European Triarchy），使人们的注意点，由哲学移到现实的社会问题上来。

赫斯和马克思同是犹太人，又和恩格斯一样是制造业者的儿子，他比他们两个的年纪都大。他们认识社会主义思想，是由他介绍的，虽然他的社会主义，根本和他们的不同。他是一个热狂的幻想家，他永远是在幻想中摸索，他热望人类的未来的完成；他最先是在基督教，其次是在共产主义，最后是在犹太民族主义，寻求他的梦想的实现。他有敏锐的想象力，但不能用明白的理性，把他精神上的志愿表示出来。他年轻时，曾游历法国和英国，他看见英法的情形，便相信德国哲学不能再在寂寞的祭台上礼拜理性了。他注意了法国的社会学，把圣西门主义的精神介绍到德国来。一八四三年十一月，恩格斯曾明白承认第一个把共产主义描写出来，让他们去认识的，就是赫斯。

赫斯认识了黑格尔历史哲学的弱点，因为这种哲学不曾由过去和现在，去推断未来。这正是典型的圣西门主义思想。他把圣西门放在黑格尔旁边，用这两位主人公的区别，说明当时德法二国在发展上的区别。

但还有第三种势力；必须有这三种势力合起来，人类在这世间的未来的任务，才能完成。这就是英国。那时大宪章运动，正好在

---

① 今译"莫泽斯·赫斯"，下同。
② 今译"欧洲三头政治"，下同。

第一部分 生平与事业

英国流行。他预言英国的革命已经临近。他看见了，反威权的斗争不单实现在德国的激进哲学内；那其实是一切文明国家的共通现象。他以为，英国的使命是综合德国的改革和法国的革命，建立世界上完全的自由，政治的社会的自由。他承认英国的革命将废止贫富的对立，并完成伟大的历史变革。这样，赫斯就归结到共产主义上来了。恩格斯在费尔巴哈哲学中发现的人类的完全的自意识，就实现在一个具体的社会体系内了。

除了赫斯，海涅（Heine）的敏锐的智力，也给了恩格斯深刻的影响。一八二一年海涅的"赖特克利夫"（Rateliff）已经说到有两种人（富人和贫人）在同一国内斗争至死。七月革命把他吸引到巴黎以后，他曾把当时亲见的景象记录下来，投到《一般新闻》发表。恩格斯是一个深刻的读者，海涅又已经是有名的作家。在这些论文里，海涅把共产主义描写得像一个无名英雄，在耳听候着，一等有命令，就挺身出来，在世界舞台，扮演它的重要节目。这些论文，恩格斯一定读过。此外，友仁·苏①（Eugens Sue）乔治·桑（George Sand），迭更斯②（Dichens），狄斯累利③（Disraeli）诸人所描写的贫民状况，也一定帮助着使他记起幼年时代在巴门亲眼看到的种种情景。这些都成了不可磨灭的印象。

威特灵④（Weitling）的小册子，他见到了，在他的意思，如果赫斯的共产主义可以说是哲学的共产主义，威特灵就是自发的劳动

---

① 今译"尤金·苏"，下同。
② 今译"狄更斯"，下同。
③ 今译"迪斯雷利"，下同。
④ 今译"魏特林"，下同。

 恩格斯传

阶级运动的建立者。当然,赫斯和威特灵后来都成了他和马克思的反对派,但在初期,他们的指导作用是不可否认的。

在柏林,恩格斯受种种的影响,由自由人,变为工人阶级运动的注意者了。一八四二年夏,兰克夏的大罢工,招致他决定要到英国去看看。父亲是孟彻斯德一个工厂主,所以他的计划是容易实现的。

第一部分　生平与事业

五　第一次在英国

一八四二年十月初，恩格斯离开了柏林。在回巴门的途中，他在科伦①（Cologne）逗留了一下，特为要访问《莱茵新闻②》的编辑所。他到柏林以后不久，就开始向《莱茵新闻》投稿了。赫斯也是《莱茵新闻》的投稿人。他们在那里第一次会见了。几个月后，赫斯曾对奥尔巴哈（Berthold Auerbach）记述他和恩格斯的会面。"我们谈到当时的问题。我们会见时，恩格斯是一个彻底的革命者；他离开我时，已经是一个热烈的共产主义者了。"

十一月底，恩格斯离开了家。父亲希望他到孟彻斯德的欧门—恩格斯工厂完成他的商业训练。他自己却希望在工人运动的中心地，观察工人阶级运动。在途中，他再访问了科伦《莱茵新闻》的编辑所。他希望能从英国寄一点稿来。在那里，他第一次会见了马克思。

这是历史上最高贵的友谊的开端，但这个开端是冷淡的，甚至可以说是不友好的。马克思是在恩格斯到柏林以前不久离开柏林。恩格斯加入"自由人"时，马克思不久才从这个团体脱离。马克思

---

①　今译"科隆"，下同。
②　今译"莱茵报"，下同。

被聘任《莱茵新闻》——普鲁士境内被允许出版的第一个反对派报纸——主笔的职务了。他和"自由人"的关系虽还没有断绝，他主笔的报纸也还以"自由人"为主要的柏林通讯人，但正如在恩格斯到科伦的前几天，主笔和柏林通讯人间发生了激烈的争论。主笔怀着疑团，接待这位被疑为布鲁诺·鲍尔（自由人的领袖）使者的客人。两位后来共同奠定社会主义基础的思想，第一次就是在这样冷淡的情形下会面的。这时恩格斯恰好满二十二岁。

一到英国，他看见每一个英国人都看日报，都参加会议，都加入组织，他看见了德国和英国的情形的对照。这时候，赫斯的观念还影响着他。赫斯以为，人类的进步，依存于三种革命。他以为，英国的社会革命，将成为法国政治革命和德国哲学革命的综合。而形成一个高级的统一。抱有这个结论在心的青年恩格斯，一上岸，就只注意那些可以表示革命已经临近的记号。

他在英国遇到的第一种组织，是摩尔①（Mohl）、鲍尔（Bauer）和夏培尔②（Schapper）的正义同盟会。他称他们为"最早的革命的无产者""三个实在的人"。他们是住在伦敦的德国工人。但他们的狭隘的均产的共产主义理想，他是没有的。他们给了他难忘的印象，但他觉得，没有在这时加入"正义同盟会"的必要。当然，这个"正义同盟会"对于组织的发展，后来是占着重要地位的。

但就一般社会来说，他对于英国人的"素朴的经验主义"的人生观，是觉得惊奇。他发觉了，英国人一般缺乏哲学的基础训练；他们只注意可以捉摸的现象，而忽略这种现实所依据的原理。他们

---

① 今译"莫尔"，下同。
② 今译"沙佩尔"，下同。

第一部分 生平与事业

只看见树木,而不能看见森林。当他看见上等社会还是相信奇迹,相信摩西的创造神话时,他觉得,赫斯的预言只是一种幻想。不过,他还是对于英国寄予极大的革命的希望。孟彻斯德的情形,迫使他不得不承认,经济的条件,在现代世界,有决定的影响。他发觉了,在大工业发展的国家,政党的形成是由阶级的对立性决定。他原来的哲学训练,固使他不易接受这种思想,但经过一度挣扎,他就全然为这种思想所占据了。这时候,他没有建立独立的历史哲学,但已经知道,经济的利害关系,正在导向一种社会革命。

他就从这个观点,去考察当时英国政治上所谓两党的斗争。很明白的,托利党(Tories)和惠格党①(Whigs)的对立,不过表示不动产和财政资本的冲突。一八四四年春他动身回大陆前不久,曾写一篇文字,说明英国的情形,并断言现代英国正被阶级的偏见所奴役,它的立法行政司法制度都为统治阶级的精神渗透着。他写到,英国的自由是专制主义。

他不能赞成科布登(Cobden)和布莱特(Bright)的政治主张。他是一个工业家的儿子。但在他看来,托利党内那一群慈善主义者,阿胥勒②和狄斯累利(Disravli)的信徒,还有时对工人表示更大的善意。在若干重要问题上,他和惠格派是一致的,但在他眼里,这个党根本是雇主的党。现在庞大的工人人数,还在支持自由党,但一有可能,他们就应当建立独立的组织。自由党至多只能创立"中庸的立法"。

他住在孟彻斯德。那里是英国新纺织工业的中心,反谷物条例

---

① 今译"辉格党",下同。
② 今译"艾希礼",下同。

 恩格斯传

同盟的诞生地,工人聚集的所在。他在那里看到了英国工业霸权的黯淡的前途。他以为,法兰西,比利时,和德意志的工厂,已经在和英国的工厂竞争了。英国已经丧失了欧洲市场。美洲市场也不十分可靠了。他对于资产阶级的前途,在资产阶级的生产还在十分旺盛的时候,就下正确但令人沮丧的断言。对于代表资产阶级的政党,他也不能有更好的判断。格拉罕爵士①(Sir Jaues Graham)限制儿童劳动时间的提议,为自由党政府所拒绝了。自由党显然已经遗弃他们以前的同盟。

可是,在资产阶级以全国民代表资格进行他们的历史的斗争时,还有几种运动,在同时进行着。

在爱尔兰方面,有阿康内(O'connell)发起的骚动。自一八四二年发生饥馑以来,阿康内领导下的爱尔兰农民已经起来。但这位"英杰的枭雄"的"贫乏的目标",不过在取消英爱合并条约,不过在爱尔兰的政治独立。他只有民族主义,他劝告爱尔兰人当心"社会主义危险"的话,恩格斯永远不能赦宥的。不过,对于爱尔兰民族,他始终是怀着热情。他写道:"什么民族呀!他们没有一个便士在手里,他们半数以上没有一件衬衫披在肩上。他们是真正的无产者,真正的共产主义者——爱尔兰,是野性难驯的疯狂的高卢人。不亲眼看见他们,是不会知道他们的。我只要有二十万爱尔兰人,就能把整个大不列颠帝国推翻。"

同时,大宪章运动(Chartist Movement)也在一八四二年的大饥馑中达到最高点。英格兰北部正为总罢工所袭击,风潮的中心地就

---

① 今译"詹姆斯·格拉汉姆爵士",下同。

第一部分　生平与事业

是孟彻斯德。恩格斯以热情的态度，观察罢工运动。在《莱茵新闻》上，他写道："英国人民的三分之一，也许有三分之二，是属于产业上的贫苦阶级，他们的人数在不断增加，他们是永不能得到财产的。一八四二年的行动，说明他们已经开始觉得自己的力量了。但他们失败了。他们失败的主要原因，在于他们的信条。他们相信合法的革命。几个星期之后，他们剩下的少许积蓄完了；这少许的积蓄一用完，他们就被逼得去复工了。现在，他们知道了，只有激烈地奋起推翻那压迫着他们的反自然条件，并消灭血统的和工业财富的贵族，他们方才可以得救。他们怕法律，但更怕饿死。饿死的逼迫，总有一天会使他们起来的。"

对于大宪章运动，恩格斯寄予了莫大的同情。普选权的斗争，是革命的前奏曲。保守自由党，不会在和平的运动前面，拱手把政权让给无产的大众。所以，大宪章运动必然会走向革命的路；他本身的目的，也正是这个。

他参加了宪章派的运动，不过他发觉了，大宪章运动所揭的目标，不是私有财产的废止，而是政治的民主。他们是以天赋人权为根据的。后来，恩格斯批评他们，说他们的启蒙主张，只是"人类自我认识和自我解放过程的半节"。

大宪章派以工人阶级的名义，出面主张工人阶级的政治权力时，在英国，还有一种社会主义运动，出面主张工人阶级的经济权利。这一种运动，是以一个人的天才为标志的。这个人，就是洛伯特·欧文①（Robert Owen）。

---

① 今译"罗伯特·欧文"，下同。

023

 恩格斯传

在恩格斯看来，那时候及以后许多年间英国的社会进步，都应归功于欧文。欧文以为，他那时代的贫苦现象，全起因于财富分配的不均，在他看来，大宪章派的政治运动，不是克服这种贫苦的方法，虽然他也是相信天赋人权的。但欧文敢宣告婚姻、宗教和私有财产为"自有世界以来一切不幸的唯一原因"，恩格斯对之，是只有敬服的。欧文信徒所立孟彻斯德科学院所举行的星期日集会，恩格斯参加了许多次。

对于这两种运动，他是以同样热情的态度去参加。大宪章派出版的《北星①》和欧文派出版的《新道德世界》，同样为他所爱读。他同样和这两个学派的领袖来往。在欧文派中，他的最常见的朋友是约翰·瓦兹（John Watts），孟彻斯德的一个裁缝。在大宪章派中，他发现了杰姆士·里齐②（James Leach）。但一八四三年夏季访问里兹的《北星》编辑所时，他缔结了一种更重要的关系。他遇见了哈尔内③（George Julian Harney）。哈尔内比他大三岁。在大宪章派中，只有他一人，熟悉大陆方面的政治社会状况。他们第一年会见时恩格斯所给予他的印象，五十四岁之后，还是没有消灭。那是恩格斯去世的一年。他说："一个瘦长的青年，外表上看来几乎是像孩童一样没有成熟，他一口非常纯熟的英国话，说他对于宪章运动热烈地感到兴趣。"

但是这些英国社会主义者无论大宪章派还是欧文派，都不知道大陆方面社会主义的思想和努力。因此，他要对他们说明大陆方面

---

① 今译"北极星报"，下同。
② 今译"詹姆斯·利奇"，下同。
③ 今译"哈尼"，下同。

第一部分　生平与事业

的情形。一八四三年他写了一篇论文,题名《大陆方面的社会改革的进步》,发表在《新道德世界》内。在这篇论文里面,恩格斯说明了,不单在英国,就在法国和德国,社会也不久就会发生革命,以废止私有权。他说,一切文明国家的社会运动,必然会由不同的道路,不约而同地,走向这个方向来。各国的领袖和信徒间,应建立一种友谊的关系。《宣言》最后的一句话——"全世界的工人联合起来"——就由这样一种观察,预示出来了。

在英国,他常常投稿到杂志社——《莱茵新闻》《北星》《新道德世界》。但他这时期的最重要的著作,是《卡莱尔论①》和《经济学批判纲要②》。

英国的知识分子中,在恩格斯看来,只有卡莱尔(Karyle)一个,曾真正想到他生活所在的社会的道德问题。卡莱尔痛斥当时的虚荣心,责备社会制度的腐败。看到这种议论,恩格斯是赞扬的。但卡莱尔的主张还嫌不够。他攻击竞争制度,但不能认识一切罪恶的根源是私有权。

《经济学批判纲要》大约也是这时写成的,这篇论文,比《卡莱尔论》更大胆,更有神采。他看到了,在世界工业的首都,生产已由机械的发明,涨到惊人的水准,人民大众却还在财产制度的压迫下,因为他们不能获得也不能消费他们自己的劳动的生产物,引起这种祸害的"不合理的无感情的公开竞争的机构",居然被整个古典学派视为神圣的。私有财产居然被英国资产阶级认为是必要的,不可破坏的。看到这一点,他就心有所感了。那时他还只二十三岁,

---

① 今译"英国状况。评托马斯·卡莱尔〈过去和现在〉",下同。
② 今译"国民经济学批判大纲",下同。

但已经对于这些经济学家，实行理论的攻击。他认为，这整个体系，只是矛盾的杂凑。马尔萨斯的人口理论尤其是如此；这种理论，只是"自然与人道之可厌的亵渎"，不过要视可厌的社会构造的结果为自然法则而已。

这两节论文，充分说明了恩格斯的历史天才。那都是用真名字发表的。他从德国带了辩证法的革命思想来，而在英国获得它的实际的社会的应用。他了解了阶级和国家的目标；现在他要为这个目标的实现而努力了。

他于一八四二年十二月到达孟彻斯德，于一八四四年八月底离开那里，回德国去。这不到两年的时光，对于他以后的生活，是重要的。他已经是一个革命的社会主义者了。

第一部分 生平与事业

六 和马克思的友谊

在回国的途中,他在巴黎逗留了十天。在兰克夏"可怕的银灰色的天空下"住过一个长岁月的他,现今再到明朗的都市来了,但在这个都市,他的伟大的经验,不是这个都市的繁荣,不是巴贝夫(Babeuf)、玛拉特①(Marat)、洛伯斯庇尔②(Robespierre)的纪念地的凭吊,而是一种宝贵的友谊的新交。

马克思和恩格斯终于互相了解了。他们缔结了历史上最宝贵的友谊,他们共同奠定了人类社会发展的理论上和实践上的基础。他们是人格上统一的。他们是同一条大路上永远没有发生过争执的伴侣。他们共同拥护他们共有的精神财产,一直到他们的最后一日。

当然,相同的见解和目标,是造成这样一种合伙的根本前提。他们已分别由观察和研究,得到同样的结论。他们知道,他们必须永远在一处学习,一处奋斗。但在这里我们要说明的,与其是他们性格上的相同点,宁说是他们性格上的差别;与其是他们共同的作业,宁说是他们各个对于这个共同作业的特别的贡献。

---

① 今译"马拉特",下同。
② 今译"罗伯斯庇尔",下同。

 恩格斯传

我们大家承认,恩格斯的地位是次于马克思的。恩格斯在给倍倍尔(Bebel)的信上,曾公开承认是马克思告诉他以科学工作的意义。一八八〇年他给倍伦斯泰因①(Bernstein)的信,提到马克思,也说他不知道一个人怎样能够嫉妒天才。"天才是不世出的。没有天才的我们,应当知道我们是不能得到天才。"在他和马克思的通信中,他承认他自己在理论上是懒惰的。他常常说,他的职务是"玩第二把琴"。

但在一切点上,他都只是附和者吗?李卜克内西(Liebknecht)曾经说到,他这对透明的蓝眼睛,有洞察的能力。他的尖锐猎获本能,他的确实的观察,他对于真理的不妥协的把握,他的坚决的方向感觉,他的本能的选择力,凡是和他在一块的人,都知道的。二十年后马克思就曾对恩格斯说:"你知道,在事物的理解上,我总是迟缓的,总是跟在你后头。"实在的,恩格斯的《卡莱尔论》和《经济学批判纲要》以及他口述的意见和事情,对于马克思,是有意义的。马克思的抽象思想,常常要靠恩格斯的材料来充实。他在编辑《莱茵新闻》时虽然已经知道经济学在历史上的重要地位,但这方面的必要的知识,他还是全然没有。研究经济事实的必要的技术,是恩格斯告诉他的。恩格斯在《经济学批判纲要》内对于财政恐慌和资本积蓄的说明,对于马克思,也是一种启示。若干年后,他再读到恩格斯这部著作时,他觉得,那不愧为一部"天才"的作品。一八六二年他又承认,最先对里嘉图②(Ricardo)地租理论提出坚决反对论调的,也是恩格斯。

---

① 今译"伯恩施坦",下同。
② 今译"李嘉图",下同。

第一部分　生平与事业

他们是终生合作者。他们合作的第一部著作，是有名的《神圣家族》，这时候，他们正好揭起新主义的旗帜。那些稳坐在抽象理论高塔内的黑格尔派，开始用一些小册子，来直击他们旧时的伴侣。他俩责备他们，因为他们觉得必须走出这个高塔，到世间来，学习劳苦大众的事情。在反攻中，他们的著作，题名《批评的批评之批评》，那就是后来以《神圣家族》一名出版的著作。恩格斯知道《神圣家族》一书是用两个人的名字出版时，就写信给马克思说："我简直没有写什么，谁也能辨别你的笔法。无论如何，这是滑稽的，因为我也许只写了十几面，你是写了几百面。"

一个这样有成就的思想家，这样谦虚地，把一切主要的贡献，归于他的朋友。一部分，那是他的诚实的谦逊。一切和他亲近的人，都知道他的谦逊是一点做作没有的。只要有人侵犯他们的共有财产，他是不惜以致命的打击，去打击他们的敌人。但对于马克思，只要提到他，他就好像忘记有他自己存在一样。这是为了什么呢？

我们必须记起，恩格斯的不完全的学校教育和长时期的商人生活，在这点上面，是很有影响的。他不是学究，也不喜欢学究的生活。他不能枯坐下来思索。他有洞察的能力，但在理论上，他是比较容易满足的。如果马克思的精神，是像大风浪，他的积极的精神，就可以和高山的瀑布相比。马克思是像雅科布和恩琪尔角斗一样，和他那时代的精神相斗争，他却坐上"未来的列车"就心安了。马克思的著作是缓缓地艰苦地产生的，思想是深刻的、透彻的，是破坏同时又建设的；恩格斯却天生是一个更实际的人，很容易发现自己的使命。他有敏锐观察，但更少辩证法的创造性。他们在思想上显出的差别，在他的文体上，也表现了。恩格斯的文句，无论在思

 恩格斯传

想上,文字上,都是碧清如水,是流畅的、快捷的、优雅的,如以明白表述作者所要表述的每一个思想。马克思的文句,却往往包含过多的思想,令人读了,像是患者思想溢出病一样。所以,在他的文句里,光彩和晦涩,是融合着。恩格斯的文句,像是顺口道出的;在马克思,却像一字一句,都是铁砧上锻炼成功的。这种种,当然只有由他们生活方式上的差别去说明。生活方式上的差别,引起性格上的差别。他喜欢侦察,更不喜欢研究;有直接得到结论的能力,但更少系统组织的能力。他喜欢读书,但消磨时间在图书馆,辛苦地,搜集材料来印证自己的社会思想和历史见解,他是不高兴的。他是一个热心的骑猎者,他曾以同样的精神,"在抽象思想的高垣上面行猎"。在他不足的地方,正是马克思有余的地方。反过来,马克思不足的地方,也正是恩格斯有余的地方。他们会成为互相补足的一体,自是当然的了。

第一部分 生平与事业

七 回到巴门

恩格斯回到巴门了。他原以为，商业生活一有可能就可抛弃掉。只有这样，他才可以专心于真正的事业。但这种真正的事业，和他的家族的传统，是绝对不相容的。所以他不能不忍耐，以期避免与家庭冲突。

这时候，恩格斯写了一部重要的著作《英国劳动阶级的状况①》。后来，他被人推称为记述经济学之祖时，他很谦虚地指出了配弟②（Petty）和布瓦歧尔培尔（Bois-Guilebert）等。他说，他能在近代工业的中心地，最先把眼睛睁开来注意这些显著的情形，是一件对于他十分幸运的事。这本书，是用英文，献给英国劳动阶级的。在献词中，他说，他曾研究许多文件，并曾实地观察，目的在提示一幅真实的图画，使英国劳动阶级在反抗压迫者的社会权力和政治权力的斗争有所指示。他说，他只要想到，他在孟彻斯德没有把余暇时间，用在工厂主们的丰盛的宴席上，却把它用来和贫苦的工人们接近，来研究他们的生活，心里就觉得愉快。在德文的序言

---

① 今译"英国工人阶级状况"，下同。
② 今译"配第"，下同。

中,他说明了,他那里描写的,虽只是英国人的奴隶状态,但在德国,结局也会有同样的结果发生。在书前,他曾对于产业革命初期英国的经济发展史,作一导论式的考察。他断定,近代资产阶级脚下的泥土,注定了有一天要把他们自己吞灭。书的大部分,是记述无产阶级各阶层的情形,最先是工业劳动者,其次是矿山劳动者和农业劳动者。有几章是讨论爱尔兰的移民问题,讨论大都市,讨论竞争对于无产阶级的影响。在劳动阶级运动这个题目下,有大宪章主义和英国社会主义被讨论了。最后的一章,是研究中等阶级与无产阶级的关系。在充分诊断社会的病状以后,他才用一种预测,作为全书的结束。这个预测,是我们大家知道的。

在巴门,并且在德意志各邦,现在都流行一种谋工人福利的组织。各邦的政府,为要使公众的注意,由一些更严重的问题,如代议政治,出版自由,等等,转移到这个更无害的问题上来,也赞许这种组织。恩格斯当然不赞成这种改良的欺骗。但因为这种组织不得警察许可就可以集会,恩格斯常常参加进去。在那里,他常常遇到一些有激进思想的人。但一八四四年十二月十四日他在《新道德世界》发表的论文《共产主义在德国的迅速进步》,却表示他的见解过于乐观了。

这时,他的思想,已经脱离了赫斯的影响。这可由《英国劳动阶级》一书知道。在那部书内,他不像"真社会主义者"一样应用一些魔术的公式如"人""真人""人类",等等了。他相信,现制度的不完全性,必然会由内在的必然性,生出一个更好的制度来。他看见了阶级斗争才是无产阶级革命的原动力。他已经不能像赫斯一样以人道主义的空口号为满足。但虽如此,他还是和赫斯在一道。

第一部分 生平与事业

他们举办了一个月刊,题名《社会镜》,但附以另一名称:"代表无产者和分析当代社会状况的机关杂志"。他们声称,他们的目的在记述单纯的事实,不带任何政治性质。但不久政府就看出了当中的危险,刊物以后就停刊了。

恩格斯和赫斯在这时候做的另一件事,是利用工厂主们的慈善组织,来和一些有进步思想的青年接近。这些青年不知道他们的目标,更不了解他们的目标的实践可能性。因此,恩格斯和赫斯同意在一个茶室内,开一次私人的座谈会。这次集会,也许应当说是德国最早的社会主义集会。为要避免政府的注意,开会以前,请了几个琴师奏音乐,唱了一些以社会问题为基调的歌。然后,赫斯和"腓特烈·奥斯渥"开始演说。

赫斯称共产主义为爱的原则,恩格斯却用流畅的语调,分析他在英国所见的自由竞争制度的不合理。他用现在的制度和他理想中的制度相比较。他说,他理想中的制度,可以把社会的阶级区别消灭,金融恐慌取消。他说,实现的路有各式各样,英国人曾建设少数共产主义殖民地,法国人会用法律来实现国家的共产主义。他没有说到德国。因此,第二晚,有人起来责问。第三晚他答复这个问题时,因为他已经决定立即离开德国,才大胆地说,在德国,社会革命也是必然的,他的主要论据点,是英德二国未来的商业竞争。他指证了,如果工业不落后,它必须发现新的市场。如果没有新的市场了,英国必定会要压迫别的国家的工业,来保护他本国的工业。结局是英德二国的工业为生死存亡的斗争。恩格斯以为,那一定是英国胜利。这样,被压迫的德国工业,就会不能养活它人为地创造出来的无产者大众。社会革命会立即跟着起来。但即使德国战胜

了，它的情形也会和英国现在的情形一样。在任何一种情形下，社会革命在德国都是不可避免的。

自他第一次离开家庭以来，他从没有像这回这样久留在父母家里。他的思想和家族传统的信仰中间，已经有不能填塞的沟隙。父母原希望他在父亲的事务所内担任商业的工作，但经过半个月的勾留，他觉得这是不可能了。一八四五年一月二十日，他写信给马克思道："这种锱铢必较的工作，是太可怕了；巴门是太可怕了；时间的浪费是太可怕了，但尤其可怕的，是不但继续要成为一个布尔乔亚，并且要做一个制造业者，与无产者积极地对立着。只要在他老人家工厂内住几天，这一切可怕的情形就都看到了。当然，我也曾计划着，在适合于我的情形下，守着这锱铢必较的营生，然后写一点触犯禁例的东西，好逃之大吉。但我等不得了。如果我不是每天可以在我的书上记述那最可厌的英国方面的情形，我怕早已硬化了。只有那种工作，还使我的怒火燃着。在不写作的情形下，一个人可以是共产主义者，同时还保持布尔乔亚的地位，锱铢必较者的地位。但工业，锱铢必较，广泛的主义宣传要合在一起，是不可能的！"

第一部分　生平与事业

八　在布鲁悉①

父亲有意送他到波恩大学去念书，但要他放弃主义的宣传。不久，父亲发觉了，儿子的主张是不能改变的。他是一个领袖的制造业者，教会的长老，怎样能让儿子去做这种伤他的颜面的事情呢？父子间爆发了争端。一八四五年三月十七日恩格斯写信给马克思，说他在家里是过的"狗一样的生活"。他说："你简直不能想到，在我灵魂后面叫着的基督教的妖术，是怎样可怕。"他说，他现在不要和任何人吵闹，因为他决定在半个月内设一个法子离开家庭。他说，母亲是慈爱的，假使不是为了她，他一定不会对疯狂的专横的父亲让步。

父子间的关系紧张到不能忍耐的地步了，所以警察对于他特别注意这件事，反而救了他。在巴门被捕，对于骄傲的父亲，是一个致命的伤害。所以，恩格斯为求安全而决往布鲁悉时，父亲不能反对。那时，马克思也从巴黎被驱逐出来。自二月以来，就住在布鲁悉了。

---

① 今译"布鲁塞尔"，下同。

 恩格斯传

他们第一次能够在密切的日常生活中，从事理论的学习和建设了。他们的主张，也就是在这个时期，取得决定的形态。

一八四五年夏季，朋友俩偕游英格兰。恩格斯要恢复他和大宪章派的关系，并迎接玛利·白恩士（Marry Burns）到布鲁悉。这个女人是一个真正的爱尔兰女工。她在恩格斯第一次到孟彻斯德时，就成了他的忠实的伴侣；从现在起，她就成了他的终身的伴侣了。马克思是要在恩格斯的指导下，接受最初的英国的印象。他已投身于经济学的研究了，他很想到英国去，学习初期英国经济学者的著作。他们在英国住了几个星期。这几个星期的经验是极丰富的。许久以后（在一八七〇年），他还在给马克思的信中，提到那些日子的情形，这时候，恩格斯是《北斗杂志》的经常的投稿人了。以前他在《新道德世界》发表主张，尚以为在德国，革命将成为知识分子的工作；现在，他把这种主张否认了。他以为，没有外援，工人阶级也会把革命贯彻。

回布鲁悉之后，他们想合写一本书，来发展并且完成他们的唯物的历史观。这部书，可以说是《神圣家族》的理论的继续。主要的批判对象，还是他们自己曾经一度抱过的《哲学意义》。在那里，他们攻击了布鲁诺·鲍尔，史迪讷甚至费尔巴哈和"真社会主义者"。书名《德意志观念形态①》。自一八四五年九月至一八四六年八月，书写成了。但它的命运是极不幸的。在德国的严格的书报检查下面，没有一个德国的或瑞士的出版家，敢发行他们的著作。同时，马克思完成了他反对蒲鲁东（Proudhon）的书，但也找不到出

---

① 今译"德意志意识形态"，下同。

第一部分　生平与事业

版家。一八四七年三月恩格斯写信给马克思说:"如果我们合著的书会妨碍你的书的出版,就请不要怜惜,把我们合写的那个稿子,抛到抽屉里去吧。你的著作的出版,是一件更重要的事。"

他们实际也是把《德意志观念形态》一书的原稿,留给"耗子们去为啮食的批评"。这一册综合说明他们的历史见解的书,到他们逝世以后许久,才能够出版。马克思写信问恩格斯,在他的反蒲鲁东的著作里,是否可以使用那已经在这本合著书内表示过的见解。恩格斯答说:"当然可以的。"他们两个的精神财产常常是共有的。在一切他们的著作里,我们往往不易辨别他们各个人的贡献。就这时期的著作说,更加是如此。大概说来,《观念形态》的最大部分是恩格斯写的,但经过了马克思的修改和补充。原稿一部分是威特梅尔[①](Wetdemeyer)——普鲁士的退役炮兵军官,在布鲁悉,成了他们的挚友——抄写的,所以笔迹不能成为辨别的标准。在他们两人当中,恩格斯的文章是流利的,他能以惊人的速度,写出长篇文字,甚至整个小册子。但思想一定是两个人商量好的。恩格斯曾再三说到,是马克思在他们在布鲁悉会见时,把他们的历史观的基本原则提示于他。这种表示,是谦逊和事实并存的;因为我们知道,恩格斯在英国已经感觉到了历史进化的路线,不过这种感觉,在他遇见马克思以后,才成为确实的坚定的理论。

在《德意志观念形态》内,他们用了"共产主义党"这个名称,这是第一次。以前,人们总是把它当作一种哲学的意见来看待。他们说,这个党,一定要成为工人阶级的党。

---

① 今译"魏德迈",下同。

可是,那时候德国的工人,还不能接受他们的主张。留在外国的德国工人,有许多,隶属于革命的正义同盟会。但这个后来对于党的形成尽了最大的责任的同盟会,对于知识分子,是不信任的。因此,他们必须把他们的不信任心理克服,让他们接受他们的新历史观。

但可以同他们算作一党的,有一些什么人呢?基佐(Guizot)驱逐德国亡命作家的措置,使比利时成为这些亡命客的主要集中地了。马克思是最先从巴黎来的;恩格斯跟着从德国来;此外,还有赫斯,还有威特灵,还有赛勒、威特梅尔(Weydemeyer)、威廉·沃尔夫①(Wilhelm Wolff)、威尔兹②(Georg Werth)和扶莱里格勒兹③(Freiligrath),加上几个有知识的工人。整个团体,大概等于二十位。

但在二十个人当中,威特灵和赫斯在见解上是和他们极不相同的。恩格斯承认他们两人对于他们和马克思曾发生过一些影响,也不轻视他们的历史地位,但现在他觉得,他们之间的差别太大了,再合作下去,是不会有利益的。威特灵既没有哲学的素养,又没有历史的意识。他牢牢守着他自己的无结果的幻想,对于这两位青年思想家,是绝不注意的。他自命为德国无产阶级的天然的领袖;在他看来,这两位青年思想家只是"狡猾的权谋家"。他不了解资产阶级革命必然会先共产革命而生;也不了解感情只是"眼中的尘埃"。他在口袋里怀着一个在地上建立天堂的药方,时时担心有人会从他

---

① 今译"威廉·沃尔弗",下同。
② 今译"乔治·沃斯",下同。
③ 今译"弗莱里格拉特",下同。

口袋里把这个药方偷去。

　　破裂成了不可避免的。先是,在一八四五年初,有一个名叫克里格(Kriege)的学生,持费尔巴哈的介绍信来见恩格斯,并由恩格斯介绍到马克思那里。他由布鲁塞到纽约,得到一个美国富翁的帮助,办了一个杂志,自称为巴贝夫(Babeuf)《人民论坛》的继续,实际却是《真社会主义》一个可怜的抄本。马克思恩格斯早就要和这个运动脱离,现在他们才决定,和这个运动脱离,已经是刻不容缓了。一八四六年五月召集大会时,马克思恩格斯提议发行一个小册子,指斥克里格在美洲的活动。威特灵反对这个提议。当提议案通过时,他知道,他和德国工人的关系,已经无可挽回,乃决定到美国和克里格搅在一起。

　　在议决开除克里格的那次大会里,赫斯没有出席,但事后批评大会的处分未免过严。马克思恩格斯觉得,一切动摇都是危险的。他们告诉赫斯,如果他的态度不改变,他也将被开除。赫斯当然更愤怒,和他们的关系也就断了。

　　在这所谓"党"内,意见不同的分子,都先后退出或被开除了。恩格斯看见,留在外国的德国工人,已经不再信任威特灵了。他觉得,他必须用全力去把那些工人抓牢。但那时留在法国的德国工人,还在效忠于格林——哲学的社会主义的领袖。马克思被法国政府驱逐出境了。恩格斯看到这种情形,才于一八四六年八月,决定前往巴黎。

恩格斯传

九　在巴黎

在巴黎，德国籍的工人，主要是缝纫工人、细木工、皮革工人。他们到巴黎去，目的是在谋手艺的改良，希望回国以后，当起老板来。德国还是手工业流行时，巴黎则是时髦，艺术，和手艺的首都。把巴黎看作孟彻斯德，把这种手工人看作英国的工厂工人，恩格斯要获得他预期的效果，当然是极困难的。但他的努力毕竟获得了一些成就。

当格林把蒲鲁东《经济学的矛盾》一书中提出的合作计划恭维得无以复加时，恩格斯讥刺地问，他们是否真正希望用他们的少许积蓄，把法国乃至全世界购买进来。在一次集会里，这个《世界解放计划》——被称为"哲学家的宝石"的——被讨论了三晚。最初，整个团体都反对恩格斯。他宣讲武装革命的必要性，指摘格林和蒲鲁东，说他们的理想是小资产阶级的理想，他听见到会的听众都反对共产主义时，他愤怒了，提议举行一次投票，决定集会的目的是否辩论。他说，如果他们是以共产主义的资格参加，则对于共产主义的攻击应该停止。如果不是，他就不愿多费口舌了。格林的信徒们说，他们其实不知道什么是共产主义的

第一部分 生平与事业

目的。因此,恩格斯对他们提出了一个明白而单纯的定义。他说,目的在:

"一、实现无产阶级的利益;这个阶级的利益,与资产阶级的利益是对立的;

"二、为要实现无产阶级的利益,必须废止私有权,而代以共有制度;

"三、承认激烈的民主革命,是完成这些目的的唯一手段。"

第三晚,恩格斯居然把听众的最大部分说服了。

恩格斯到巴黎来,还有另一个目的。他愿与法国的工人领袖,确定更密切的关系。他在那里创立了一个共产主义通讯委员会。这就是"国际"的类型。但在法国他的工作是极困难的。他不能把蒲鲁东说服;卡伯(Cabot)也反对他。路易·布朗(Louis Blane)的"改良"派,也不能同他合作。恩格斯向布朗说明他的观点时,布朗就指摘说:"那么,你的宗教是无神论了。"

在巴黎,他遇见了海涅。他的《织者之歌》,曾由他译成英文。这位预言家,预言了革命的临近,描写了德国社会的腐败。可是这位可敬的天才,已经衰老到不堪回首了。恩格斯去访问他时,他只殷殷问及他以前的旧交。

当恩格斯马克思正竭力与"真社会主义"和威特灵的手工匠共产主义斗争时,又一个困难问题发生了。那时,大众正在支持资产阶级的民主主义。但自一八四四年职工暴动以来,社会上时常听到一种论调,好像封建地主比自由派资产阶级还更同情于工人的解放运动。一八四七年九月十二日马克思恩格斯在《德比新闻》发表的《宣言》,却力说,无产者阶级不必问资产阶级要做什

么,只问他们必须做什么。"无产阶级应当问一问,使他们有实现目的的更大机会的,到底是官僚统治下的现状,还是自由派眼下正在争求实现的资产阶级统治。"资产阶级的统治,才会给群众以新的反对资产阶级自己的武器,才会给群众以一个新的地位,那就是一个合法的党。基督教虽有社会原理,但在古代,它是为奴隶制度辩护,在中世纪,它是为农奴制度辩护。基督教认一切可耻的压迫为原始的或后来的罪恶之正当的处罚,或只是天主对于其臣民所课加的试炼。说到资产阶级革命,说它不能实现无产阶级的目的,那是不错的,但在临近的革命中,民主主义者必然是无产阶级的最密切的同盟。

所以,当资产阶级的共和党人海因詹(Karl Heinzen)在《德比新闻》撰文,说德国的绝望情形,不是由于一般状况而是由于少数国君时,恩格斯就起来说,海因詹的主张,是地方的感伤的乌托邦主义之杂拌。他说,民主主义必然会导向无产阶级统治,无产阶级统治则为一切社会主义策略所必要的先决条件。

普鲁士政府在财政窘迫的情形下,不得不召集国会了。这正是革命的前奏曲。自由党的多数,在他们的最重要的主张未蒙国王批准以前,是不会批准举债法案的。恩格斯以为,在资产阶级夺得政权以前,工人阶级必须支持资产阶级的斗争,像支持他们自己的斗争一样。这些意见,是发表在一八四七年三月六日《北星》的一篇论文上。

国王四月十一日的就位演说,有这样沉痛的话:"我和我的国会,我们要侍奉天主啊!"带着怒气和鄙视心理的恩格斯,拿起铅笔,把白宫中的情形,画成一幅讽刺画。马克思在五月六日的《德

第一部分　生平与事业

比新闻》把这幅画刻印了。这时恩格斯还写了一本小册子评论普鲁士政府，这个小册子没有出版，但他去世后，他的遗稿中，发现有这个小册子的大纲，在里面，他断言，在临近的德国革命中，只有中等阶级的领导可以成功。

 恩格斯传

十　党的形成

一八四三年正义同盟会的领袖卡尔·夏培尔①、鲍尔、约塞夫·摩尔②邀恩格斯加入同盟会,但他们对于天赋人权学说的信仰,使他不愿去接近他们。一八四五年夏,他访问伦敦时,这些领袖再表示愿组成一个协会,成为通讯委员会的英国分部。协会定名为博爱民主党(The Fraternal Democrates),推哈尔内(Harney)为领袖。对于协会的建立,恩格斯尽了很大的力。恩格斯的著作《英国劳动阶级状况》一书,已经使这些领袖们了解机械所引起的社会变革。马克思由布鲁塞尔送到伦敦来的宣传品,也发生了很大的影响。这时,他们不再从事乌托邦体系的"贩卖"了。威特灵的访问,使他们痛苦地觉得失望。他们一八四七年与卡伯的谈话,也同样使他们失望。卡伯的理想,不过要在美国,在新的欧洲革命的前夜,建立起一个共产主义殖民地罢了。

在卡伯访问以前,正义同盟会中央执行部已决定派摩尔到布鲁塞尔去访问马克思,到巴黎去访问恩格斯,要他们帮助在组织上和原

---

① 今译"沙佩尔",下同。
② 今译"约瑟夫·莫尔",下同。

第一部分　生平与事业

则上把同盟会改组。摩尔对他们说明，同盟会很信服他们的主张，眼下正注意要实行一次完全的改组，如果他们愿意在这种改组工作上发生影响，它们就须加入正义同盟会，把通讯委员会改为同盟会的一个分部。必须接受这些条件，他们才有资格出席会议，他们的主张才能在会议中提出讨论。他们早就想和德国的无产者握手；现在手伸出来了。他们能拒绝吗？

他们愉快地加入了同盟会。会期定在一八四七年六月。恩格斯是以留巴黎的德国工人的代表资格出席的。马克思因为没有钱，不能到英国去出席。在热烈的讨论之后，他的最根本的建议之一是：新的会章，应破弃自上决定的传统。秘密会社注定了要独裁地由一个中央委员会去统制，但在公开的协会内，职员必须由全体会员推选。正义同盟会改名为共产主义同盟会并采用恩格斯提出的字眼作为宗旨："推翻资产阶级，建立无产阶级统治，废止以阶级对立为基础的旧资产阶级社会，建立无阶级无私有财产的社会。"

这个新同盟会，为要制定它的"信条"，推夏培尔和摩尔起一个初稿，但在公布以前，马克思恩格斯的提议的任何修正案都被包括进去了。他们的草案，用了一个新的格言"全世界的工人联合起来"，代替他们的旧格言"一切人都是兄弟"。恩格斯的影响是很明显的。

同盟会的第二次会议，定期在一八四七年十一月三十日，想要把第一次会议未完的工作完成。夏培尔和摩尔的信条大纲，曾在同盟会的若干支部提付讨论。巴黎的分部，以赫斯的修正信条为讨论基础。但恩格斯严厉地批评了它，所以新信条制作的责任，归到他身上来了。这一回，他毫无疑问地，被推为代表了。这第二次会议，

 恩格斯传

完全实现了恩格斯马克思的希望。他们被正式请求去决定党纲的最后形态了。

巴黎支部要求他重新起草一个信条,在他离巴黎赴伦敦之前,他匆匆写了下来。他反对用"信条"二字。十一月二十四日他写给马克思的信,提议用"宣言"二字,因为里面"必须包括一些历史",那是不宜于问答体的。在法国,一七九六年有《平等宣言》。所以,《宣言》二字是文献上极熟悉的。

他写信给马克思说,他的草稿"不外是叙事,非常匆促,非常不好地凑成的"。在同一信里,他要马克思"稍稍把这个信条考虑一下"。也许恩格斯原来并不希望马克思另起草的。可惜马克思这几周间给恩格斯的信已经遗失了。关于《宣言》的起草,恩格斯以后屡次说到,他和马克思是分别起草的。《宣言》的辞意的严密,文体的锻炼,也表示它不是匆促写成的。《宣言》展开了过去现在和未来的全景;它用天才的力量,发挥了教训、预言、鼓励和感化的作用。从这一点说,马克思的天才的特征,是充分表示出来了。

但从当时尚未出版的《德意志观念形态》看,我们却又发觉,在采矿的工作上,恩格斯的贡献是不下于马克思的。除了形式的区别,《宣言》中讲到的每一点,都已经在《德意志观念形态》一书讲到了。在近代无产阶级的起源及其未来使命的说明上,在阶级斗争的机能的说明上,在国家机能的萎缩的说明上,在共产革命的必然性的说明上,前一部书都可以说是先于《宣言》的。两个文件的教训是相同的:即,资本主义,自由竞争,资产阶级统治的时代,注定了要转化为共产主义和无产阶级统治的时代。恩格斯的谦虚,使我们不能凭他的自白,来断定《宣言》著作的经过。我们大概可

第一部分 生平与事业

以这样断言,《宣言》的最后形式是马克思决定的,但它的内容是他们两人共同获得的结果。在某些点上,比较起来,恩格斯还是先觉。他先了解了近代资本主义的性质,先决定了无产阶级和资本主义的对立地位,先尝试把德国哲学和英国经济学综合起来,先接受共产主义的信条,先认识国际组织的需要。不过,马克思才把这些论点,严密织入他的唯物历史观的体系内。

《宣言》是一八四八年一月完成的。一月二十五日伦敦中央执行部提出一个最后通牒,限他们在二月一日以前交稿。那是在伦敦印刷的,在二月革命爆发以前数月内分送到同盟会各支部,对于一八四八年——一八四九年的革命运动,它没有发生显著的影响。在那时,它没有在市场上公开推销过,除了同盟会的几百会员,也很少有人读过它。

当然,后来的人,是把它当作历史上一个经典了。

恩格斯传

十一　《新莱茵新闻①》

巴黎的二月革命，惊动了比利时政府。为要在布鲁悉预防暴动的发生，比利时政府下令驱逐了许多外国革命家。马克思和威廉·沃尔夫都被逐到法国边境了。恩格斯因为从法国被逐出时领有比利时的护照，所以没有遭再度被逐的命运，但他也跟着到巴黎来了。同时，同盟会本部也由伦敦移到巴黎来了。德国的革命发动了。马克思和他的同志，立即提出了他们的"十七点要求"。

恩格斯知道，在德国，因为没有多数的工厂劳动者，不得到农民和小资产阶级的参加，民主主义的胜利是不能得到的。他知道，在那里，贵族还很有势力，上层中等阶级并不怎样有力量，他知道，大多数工人还不是近代工业家的隶属，而是小手艺老板的隶属。他知道，中等阶级必然会反对德意志成为统一共各国的要求，他们必然会反对无代价没收大土地的提议，必然会反对运输机关国有、矿山国有、银行国有的提议，必然会反对官吏应支同额薪俸，遗产继承权应受限制，工人的工资应足够生活的主张。但他说，如果这种

---

① 今译"新莱茵报"，下同。

第一部分 生平与事业

种政策实施了,则无数的被剥削工人,就能以生活者的资格,取得生产者应有的权力和权利了。

恩格斯听说德国已经发生革命,是多兴奋啊!许多工人都渴望着回祖国去,但必须有组织,回国的运动才可以安全。所以,一直到四月下旬,他和马克思才动身。但到德国,他们将往何处呢?曾有人劝他们回到各自的故乡,准备取得普鲁士国会候选人的资格。但这种志愿他们是没有的。他们已经在莱茵归结若干密切的关系,莱茵又是德国最发达的区域。所以最后他们决定到那里去办一个报纸《新莱茵新闻》。出版终于自由了。

但马克思恩格斯到达科伦时,创办一个民主主义报纸的计划,已在进行中。赞助人听说共产主义领袖要从外国回来夺取这种计划的实行权,当然是不高兴的。但如恩格斯所说:"在二十四小时内,我们就把一切障碍扫除了。马克思做了工作的大部分;报纸到我们手里来了。"一八四二年旧《莱茵新闻》的编辑人,现在再被委托去编辑这个新报纸。他必须接受的唯一条件是报纸应采取民主主义立场。但经费的困难,使他们不得不进行募款。恩格斯回吴培达尔去了。从那里,他写信给马克思:"只要我们的十七点要求有一本流传到这里,我们的信任就丧失了。资产阶级的见解,是真正值得鄙视的。"马克思提到他父亲。恩格斯回信说:"他宁愿把一千粒子弹射进我们肚里,要他拿一千块钱,是绝不会肯的。"在父亲看来,连驯良的《科伦新闻》也是过激派的报纸。

在吴培达尔,恩格斯应哈尔内的请求,把《宣言》译成英文,并在那里设立了一个同盟会支部。六月一日《新莱茵新闻》出版时,他到了科伦。同盟会设在科伦了。《新莱茵新闻》组织了一个很精粹

的编辑部。恩格斯到七十岁的时候,还有时记起那时候的工作的快乐。他们的每一句话,都可以发生影响。他们每一篇文章,都像炮弹一样射击,一样爆炸。从革命无产者的观点批评德国国内外的一切事情,这还是第一次。报纸全然在马克思的统治下。马克思缺席,就由恩格斯代替。但就一般说,恩格斯的特别任务,是考察外国革命的进行,那是由他的语言天才决定的。

恩格斯有一种特别的本领。"他能在白天,在夜里任何时间进行他的工作,不管是饱着还是饿着。他写起文章来,笔调的畅达,常常是不可言喻的。"他能从外国报纸搜集材料,并极其敏捷地,加以评论,加以利用。这一点,常常叫马克思惊服。马克思对于一个题目,往往想一整天,还不能得出合理的结论。他不是一个天生的新闻记者,虽然他是一个天生的政治策略家。

报纸第一期出版时,立宪会议在佛兰克福①和柏林开幕了。几乎每一个德国人都希望由他们的讨论,生出某一些奇迹来。所以,当《新莱茵新闻》对新国会表示轻视时,它立即失去了股东的半数。其余的半数,在它恭维巴黎无产者的六月革命时,也离开了。但财政的困难,不能使他们退缩。他们决定不支薪来支持报纸的发行。

报纸的外交政策,是由恩格斯负责的。这个政策的主要点是阶级。所以他们的外交政策,和任何一个政党的外交政策都不同。恩格斯对于事情的判断,总是以现实为根据的,尤其是以经济的现实为根据。他把"铁一样的现实",看作是一切"道德范畴"的女主人。《新莱茵新闻》原希望德国的革命热情传播开来。但这件事是否

---

① 今译"法兰克福",下同。

第一部分 生平与事业

可以做到，要看新中央政权对于那些与德奥接界或一部分隶属于德奥的各民族的志愿，是报什么态度。从德国的历史看，德国人总是做别国人的压迫工具。法国人就在他们的敌人看来，也是值得同情的，但没有谁会同情于德国人。他们如要获得人家的同情，必须真正变革他们的性质，必须真正变革他们的国家才行。

但柏林、维也纳和佛朗克福都没有意思要承认另一些民族的独立。奥军炮轰普拉格①（Prague）时，恩格斯说道，日耳曼民族已经用流血的武力助成意大利的政治压迫，现在他们又要在波希米亚②实行同样的举动了。《新莱茵新闻》主张，西欧诸强国应结成一个同盟以与俄国战斗。只有这样的战争，能把日耳曼民族的两个君主政治——普鲁士和奥地利——破坏。恩格斯以为，奥地利的瓦解，将由国内各民族的内争；普鲁士的瓦解，则由于人民与其专制统治者的分裂。

最初，恩格斯信二月革命会蔓延到英国，但结局证明他的希望不能实现。大宪章派是无力的。海军大将军威灵吞③（Wellington）对工人领袖警告说，最简单的军事行动，可以把无论怎样大的工人示威运动消灭。从此以后，他对于英国所寄予的希望，就很微小。英国政府决计袒护反动势力，只要保持它的贸易独占权。恩格斯以为除了俄国，欧洲革命的最强的敌人，就是"海中间这个不能动摇的反革命礁石了"。

---

① 今译"布拉格"，下同。
② 今译"波西米亚"，下同。
③ 今译"惠灵顿"，下同。

但他还以为,忠于革命传统的法国,曾再度在欧洲取得领导权。六月间巴黎发生市街战的消息,第一次传来了。他以为,这一次"资产阶级对无产阶级的战争",将成为最后的阶级战争。可是消息一天比一天坏:资产阶级胜利,又成了确实的事情了。他起初还不承认无产阶级已遭受致命打击,但到一八四八年夏季,他已经不得不承认,运动的进行已经和他的期望相反。

第一部分 生平与事业

十二 德国革命

柏林的群众一天一天变为不能统治了。普鲁士也觉得最好的方法是在内战的红旗尚未在德国揭起以前,先叫红党来一次过早的攻击。同时,莱茵河两岸也集中有大批军队。《新莱茵新闻》劝工人加强警惕性,不要从事散漫的无用的攻击,恩格斯以为,眼下的一切,都要看国王是否把国民立宪会议解散而定。九月十三日科伦的民众大会,一致通过了恩格斯提议的通告,要国会坚持不屈。沃尔夫提议,恩格斯附议,由大会通过,设立一个公安委员会,代表科伦地方未曾有立宪代表的人民。第二个星期日,莱茵河畔沃灵根地方的民众大会,也赞成恩格斯提议的通告。这次大会,有许多人从科伦乘大帆船来参加,船上悬着红旗,不是黑红金旗。杜塞尔多夫的代表,也擎着红旗。他们的领袖,是一个二十三岁的青年——拉塞尔(Lassalle)。恩格斯和拉塞尔[①]是第一次会面。在大会里,恩格斯是发言人之一;在他的鼓舞下,大会给了佛朗克福国会一个请愿书,表示他们诚心为德意志而反抗普鲁士。运动天天在进展中。《新莱茵

---

① 今译"拉萨尔",下同。

新闻》劝工人忍耐,等反革命势力在柏林撕下假面具。但九月二十五日暴动毕竟在科伦发动了。

这天早晨,工人协会的主席夏培尔和贝克尔(Backer)被捕了。下午在旧市场的大会内,摩尔(他和夏培尔、贝克尔是莱茵民主协会联合会的中央执行委员)要求释放他们。警察长正布置把摩尔拘捕,并召集了军队。傍晚,摩尔在那里发言时,忽谣传军队们已经开拔。街石掘起来了,但军队没有出现,也没有流血。炮台指挥官宣布戒严了。集会被停止了。《新莱茵新闻》被处罚了。其编辑部人员,稍露头角的,都被控告了。恩格斯不得不找隐蔽的地方。父亲知道儿子居然叛逆,自然很是难过。他们间有一度痛苦的会见。母亲力劝儿子谨慎,因为这样做下去,他和家庭的关系就要断绝了。

恩格斯到布鲁悉去了。比利时警察记着他以前的活动,把他当作流浪人,送到法国边境去。十月十二日《新莱茵新闻》被准许复刊时,他已经在巴黎。他发觉,"新的巴黎和旧的巴黎之间有着世界上最可怕的斗争,一个血的海,一万五千个死尸"。这个"死的巴黎"正准备复活波拿巴主义(Bonapartism)。他不能在巴黎再住下去。他必须迁一个地方,任何地方都行。他决定到瑞士去。"我没有许多钱,所以决定步行。但我没有走最近的路,因为法国实在太可爱了。"他经过了法国东部的最美丽的县区,塞恩河和洛亚河间的农民,以东道主的情谊,欢迎他。不过,他看到他们对于他们祖先由牧师和贵族手里得到的土地,抱有这样强固的所有权观念时,他写到,在法国,是和在德国一样,自耕农民还是在"文明之中过野蛮生活"。他说,他们从来没有了解那打在他们头上的风浪,有怎样的性质,是怎样起源的,是向什么方向打去。他看到了,拿破仑的侄

第一部分 生平与事业

子,一定会在十二月当选。德国的旅行告诉了他,法国的农民,是法国无产阶级革命的最大的障碍。

然而,当他浪游这些地方的时候,温底雪格勒兹(Windischgratz)在维也纳掀起了风浪;杰拉基(Jellanhich)正带着克洛特人,开入那被蹂躏的都市。他知道,他宣誓效忠过的主张,已经临到决定时期了。十月底,他到了日内瓦。马克思的信告诉他,在他出亡的时候,曾有人竭力想破坏他们的友谊。恩格斯的妹夫格里斯海因相信,只要马克思不理会他,他就会变得更驯良。但这一切都没有发生效果。恩格斯也厌倦了散游的生活。他要马克思把外界的情形告诉他。他说,他不怕在一万个法官面前对审,但"在狱的囚徒是不许吸烟的,所以我不愿做囚徒"。为要占据他的精神,马克思劝他在柏尔尼写一篇论文反驳联邦共和的主张,并讨论匈牙利问题。这种性质的论文,有一篇,在一八四九年一月十三日发表了。这时他已恢复编辑委员的位置;因为,自九月以后,当局已经判定:警察关于他所提的报告,是言过其实了。

这时候,《新莱茵新闻》对于欧洲革命尚怀着重要的希望。一八四八年,马克思已经预言了,"欧洲将会解放它自己:这个解放过程的诸步骤,是法国资产阶级被推翻,法国无产阶级胜利,一切国家的劳动阶级解放"。恩格斯回来时,完全同意这个"预测"。但他以为,匈牙利革命也有重大的影响。后来,提到葛苏士①(Knsuth),他是批评得严厉的,但在那时,他还把匈牙利的这位独裁者,称为"丹登和卡尔诺的合体"。他每天研究匈牙利革命战争的复杂情形。

---

① 今译"科苏特",下同。

他对于军事问题终生怀着的兴趣,就是由这种研究唤起的。

但在一八四九年初,恩格斯还不止希望匈牙利的革命再起。拉特兹基(Radetzki)的胜利再次奥匈帝国征服意大利北部时,恩格斯写道,法国不能坐视奥地利人占领土林和热诺亚①。一次新的俄国革命,将会把匈牙利从威胁着他的俄国势力下面救出来,并把全欧洲卷入。几个月来,恩格斯的政治晴雨表,指示了两个暴风中心地,一个是在法兰西,一个是在匈牙利。这两个暴风如果会汇合,那一定是在德国汇合。一旦德国卷入革命党手里,全欧洲的爆裂就不可免了。

德国资产阶级热烈希望德国的统一,会在佛朗克福创立起来。各邦的反对,使他们的希望化为泡影时,他们紧执着普鲁士、奥地利、巴维利亚都不肯接受的帝国宪法。对于这一个拥威廉四世为皇帝的宪法,《新莱茵新闻》是只有轻视的。不过,对于一切足以加强革命,加强冲突,足以使舆论转向激进主义的运动,报纸也认为有支持的理由。

这时,普鲁士军队的首脑,已采取广泛的警戒,准备随时粉碎莱茵两岸的武装暴动。普鲁士的军队,几乎有三分之一,调到这省来了。《新莱茵新闻》警告读者们避免"组织的暴动",并忠告科伦的工人不要做资产阶级的傀儡。它忠告他们,要他们等候莱茵市议会的决定。为了一些临时的问题,这个市议会正在科伦召集一次特别大会。省内的骚动是一天比一天加强了。政府召集民兵,使资产阶级不知所措时,骚动是达到了极点。五月五日,莱茵省的市议会

---

① 今译"热那亚",下同。

第一部分　生平与事业

通过一个决议案，表示在这情形下召集民兵，对于国家治安，是一件极危险的事，并且声明，如果这个命令不撤回，普鲁士现状维持就要受危险了。他们还向德国国会请愿，要他们一致起来，决心支持人民的反抗。这个革命的文件，由莱茵省大约三十个市镇的市议会通过了。代表上层中等阶级的《科伦新闻》，也说"欺骗的反革命势力"，应对那将要发生的流血事件，负全部责任，但同时恳求市民不要违法以图泄愤。但入伍的士兵，怎样能一面遵守法律一面又拒绝射击的命令呢？

柏尔格·马尔克工业区域内若干市镇的民兵的态度，已经由冷淡变为公开的暴动了。民兵的动员是叛变的最后行动。但广泛的失业和高涨的政治情绪，已经把路准备好了。五月九日易尔柏的街石掘起来了。监狱有人满之患。巴门虽还维持着和平，但倔强分子已经涌进易尔柏了。市政当局逃走了。市的行政权移交到一个公安委员会手里。这个委员会是以资产阶级的民主主义为首脑的。恩格斯听到他的故乡正在发生暴动时，又听到德勒斯登的暴动也在独立进行中，布勒斯诺已经发生巷战，巴勒丁纳的革命运动正在增长，巴登的武装暴动已经迫走大公，最后还听到，匈牙利人正准备开入匈牙利。自一八四八年三月以来，情形算这时候最有希望了。

恩格斯一放下笔，加入易尔柏的叛变，就定下了一个斗争计划。莱茵左岸必须支持右岸。小市镇必须有动作。工业区域和农村都须有动作，以困扰守备队。在要塞及驻军的大市镇，一切不必要的骚动应当避免。一切可以利用的力量必须集中在右岸，使革命的力量传布开来。最后，并须利用民军，组成一个革命军队。

但易尔柏的情形，和他的想象是相差多远啊！他不信，刚从泥

 恩格斯传

坑中出来的无产者,可以立即成为革命的主要柱石。但他看到的不快情形,委实使他失望。他受公安委员会的委任,被派到军事委员会服务。这个军事委员会负保卫市区的责任。他被派去视察战争的准备和防御工程的建筑。由于他的建议,方·米尔巴哈(Von. Mirbach)——普鲁士炮队的退役军官——被任为总指挥,恩格斯初到时,公安委员会问他的宗旨何在。他答说,他是本地人,他能在易尔柏人民第一次武装暴动中占得一个位置,是他的荣誉,他表示他的活动得限于军事方面,而不预闻政治,他知道,在易尔柏,只有黑红金旗下的暴动是可能的。不过,不管他怎样表白,他加入的消息仍在资产阶级当中引起普遍的惊惧。他们忧虑运动将为"共产党徒"所操纵;所以,这位青年革命家要求把表示愿守中立的民团缴械,把他们的枪分给革命的工人,并要求一种强制课税来填补工人的养家费时,公安委员会就得到了第一个机会,把他踢走了。五月十四日点名时,这位青年革命家被通知说,他的出席使市民不安,所以最好能自动辞职。同日,公安委员会布告:"市民腓特烈·恩格斯,巴门人,最近住址科伦,过去有很好的劳绩,但我们要求他今日离开市区,因为他的出席,可能叫人误解这个运动的性质。"第二天,米尔巴哈在各方的压迫之下,不得不在委员会的书里面通知上副署。恩格斯回科伦了。武装工人大为愤怒。恩格斯在《新莱茵新闻》劝告他们:"这个运动是另一个实在的运动的前导;要到那一个运动,工人的真正利益才成为真正的目的,到那时,你们将再遇见我,到那时,世间再不会有什么权力,可以从你们旁边把我推走了。"

在短短的几日内,恩格斯和街石下的英雄住在一块,一个星期

第一部分 生平与事业

日,他正在他的故乡吴培达尔,那一天,他充满着快乐的热情,佩着革命的肩带,正在指挥着哈斯佩勒桥上的炮兵,他父亲从对面来了,"可敬的老恩格斯"和"叛逆的儿子"中间,有一次痛苦的遇见,其详情我们不能知道,但由以后数年间的信札看去,很明白,恩格斯许久还没有能忘记他们父子间那时候的裂痕。

暴动终于压平了,《新莱茵新闻》被封了,《新闻》的最后一期,用红字印刷,恩格斯评述易尔柏的事情。对于那"无背骨的欺骗的布尔乔亚",抱着深切的鄙视和遗憾。在那时,只有巴登和巴勒丁纳还在争持中。

恩格斯没有在普鲁士等候最后一期的出版。六月六日的拘票,证明他的出走,是得策的,他和马克思一同到佛朗克福,希望德国国会能转向革命,但不久他们看见了,在佛朗克福存这种希望,是等于在沙地从事耕作,国会先生们几乎全不知道,在这情势下,保持守势等于坐待灭亡,他们从没有想到召集巴登和巴勒丁纳的军队来拱卫,一点破釜沉舟的精神也没有,他们俩希望到巴登去,但在那里,他们又发觉指挥官毫无军事知识,在巴勒丁纳,他们发觉德国西南部的革命毫无力量可言,由巴勒丁纳转身时,他们曾在黑塞地方,以参加革命的嫌疑被捕,他们被解到谟城,再由那里解到佛朗克福,才被释放,这时,他们决定了未来的计划,马克思持着民主党中央执行委员会(驻在巴勒丁纳)的证件,到巴黎去了,恩格斯回到巴勒丁纳,要从这个革命地点,注视德国的发展。

但只要他一开口,他就被人注意了。巴勒丁纳的情形,也使他大失所望。几乎没有一个人相信普鲁士的队伍会开来:每一个人都相信,如果普鲁士的队伍真正来了,也只要轻轻一击,就可以打退。

一切人都过着牧歌式的生活。就连恩格斯也被解除了武装,在一种快乐的安逸空气中喝一两种酒,就算过了一天。

有一天,他从《科伦新闻》一张旧报纸,偶然获得了一个惊人的消息:二十七个步兵大队,九个炮兵中队,九团骑兵,集中在萨尔布留根和克诺兹纳克之间。当普鲁士军队开到时,他不能不以《新莱茵新闻》驻军记者的资格,去参加战争。他担任方·菲里齐① (August Von Willich)的参谋。除了台克浩(Techon)——巴勒丁纳的参谋总长——在恩格斯眼里,在一切退职的现在参加革命运动的普鲁士炮队军官中,他是唯一有一点价值人物了。他是一个"沉着的、冷静的、聪明的、远见的斗争者,但离开战场,他却是一个讨人厌的幻想家,一个'真社会主义派'"。恩格斯在写给马克思夫人的信中,就是这样批评他的。

恩格斯辅佐方·菲里齐,在穆尔格线上作战。这一战,是革命的最后的打击。在退却中,他像在愉快的休假旅行中一样,经过了黑林满地铺着花草的山岗。在沃尔法,他们愤怒地听到革命政府已决计投降,不肯一战。他们还想阻止这个决议的实行,所以决定把军队开到那里去。到瓦尔德克齐,他们知道总部已经迁到丹诺新根了。菲里齐和恩格斯虽力主战以图挽回,但没有效果。七月十二日,菲里齐的队伍,"巴登和巴勒丁纳的最后一支队伍",就被迫离开德国国境了。

在瑞士,恩格斯游历了维维、洛桑、日内瓦,和柏尔尼。在日内瓦,他第一次遇见了他们的弟子韦尔赫姆②·李卜克内西(Wil-

---

① 今译"奥·维利希",下同。
② 今译"威廉",下同。

第一部分　生平与事业

helm Liebknecht）。在维维，他能够和马克思通信了，马克思鼓励他写一个小册子叙述巴登和巴勒丁纳的革命。恩格斯立即着手了。他原打算以小册子的形态，在瑞士把它发表。但八月底，马克思告诉他，他已经被迫离开法国，现正动身前往伦敦，打算在伦敦创办一个德文报纸时，他就决定把这个稿子，留到那个报纸发表了。

　　文体的优秀、范围的广博、观察的正确，成了这个著作的特点。没有别的记载这次立宪斗争的书，可以在这几点上面和它比肩。他指示了这次革命的主要分子是小资产阶级。他现在知道了，小资产阶级是没有革命行动的力量的。如果都市的无产者或一部分农民参加进去，小资产阶级的最极端派会暂时和他们联合。在巴登和巴勒丁纳，就是这几个阶级，以大都市的无产者为首，驱使小资产阶级公然与现存的威权相抗。最初，上层市民和中层市民中比较有决心的分子，也参加进来，但情形一陷到无政府状态即陷到有"发生决定斗争"可能的情形下时，他们就在恐怖中由战场后退下来了。恩格斯以为，自巴黎六月斗争事件以来，文明的欧洲只有两条路可以选择了。不是革命的无产者占优势，便是二月革命以前已经占着优势的诸阶级继续占着优势。妥协已经不可能了。尤其是在德国，上层资产阶级已经表示他们没有统治能力；所以，为要确定他们的支配权，他们只得让官僚和贵族再成为他们自己的主人。在要求新宪法时，小资产阶级正想用一种实际上不可能的妥协，来避免最后的斗争。他们的失败使事态明朗。在未来，胜利者不是真正的革命，便是稍稍宪政化的封建主义官僚主义的君主政治。

 恩格斯传

在德国革命失望之后,匈牙利的革命也挫败了。但马克思来信说,法国已经起来反对波拿巴主义,英国的革命势力在抬头。马克思要他立即跨海到伦敦去。他答应了。马克思以为他的朋友会由法国驻柏尔尼的使馆取得一张护照到伦敦来。恩格斯自己却以为,走海道更爽快,也许还更安全。因此,他在热诺亚上船,在海上过了五个星期。在他的文稿中,有一篇日记,记载太阳位置变化、风向、海岸状况的,就是这时的记事。

第一部分　生平与事业

十三　在伦敦

他和马克思在一起了。自一八四九年秋至一八五〇年秋，他和马克思一同负担责任，创办一个月刊：《新莱茵新闻政治经济评论①》。这个评论，公开反对资产阶级的民主主义。他们原希望，不久它就能在德国再以日报的姿态出现。这个希望永远没有实现。就是月刊，也没有维持到一八五〇年以后。这是他们最后独立创办报纸的尝试了。在那里面，恩格斯发表了一篇论文，论述十小时劳动日的制度，还发表了《德国立宪斗争②》和《德国农民战争》。后者，以后会用书的形式单独出版。他以为，过去两年的事变，只是决战的前哨战。他相信，如果这种斗争由小资产阶级去领导，那是一定会被破坏的，他看到了，一八四八年的商业恐慌，是二月和三月的革命的源泉；他推论，世界市场的状态可以决定这一次破裂是在何时发生。马克思是用一八四八年至一八五〇年法国的阶级斗争，恩格斯则用同时期德国的立宪斗争，来指示政治事件结局要由经济

---

① 今译《新莱茵报。政治经济评论》。
② 今译"德国维护宪法的运动"，下同。

 恩格斯传

原因决定并限制。

反动的势力再兴了。同盟会不得不在德国再保守行动的秘密。总部的会员,几乎全在伦敦会合了。他们决心要创立一个独立的工人阶级政党。鲍尔被派到德国境内去联络那还存在的工人协会、农民协会、劳动者协会和体育协会,想由此创立一个支部。一八五〇年三月,马克思恩格斯共同起草了一个纲领,交给他作为活动的基础。

在这个纲领里,他们教德国的无产者注意,资产阶级一夺得政权,就会利用这个政权,来驱逐他们以前的同盟——工人阶级。为要这样做,他们会和那个被他们征服了的阶级联合起来,并在结局,被迫把统治权让给他们。新革命迫近时,小资产阶级会像一八四八年的自由派上层阶级一样,变做私通者。但和自由派相比较,民主派对于工人是更危险的分子。民主派不仅包括小工厂主、商人、手艺老板,并包括自耕农民,还暂时包括农村无产者。他们不愿为贫苦阶级的利益而将全社会体系革命,不过要修正它,使它更与他们自己适合。他们只要求一个民主的宪法,而以表面的慈善救济来麻醉工人。

民主派的政纲,不能满足无产者的要求。小资产阶级要迅速把革命结束,无产者却要使革命永久化,一直到政权归到无产者手里并由他们控制主要的生产力为止。他们所要求的,不是分配私有财产,而是废止私有财产。他们不要把阶级冲突弄得含糊,而是要除去阶级冲突。他们的最后目的,不是现社会的改良,而是新社会的建立。

第一部分　生平与事业

但眼下小资产阶级的民主派,也在受压迫。短时间,他们一定会邀工人,请工人合作来成立一个反对党。但同盟会下的工人,必须创立一个独立的组织,秘密的和公开的,与正式的民主党相并立。在对抗反动的斗争中,这两个政党的利益会暂时统一,自然结成一个暂时的同盟,但胜利之后,工人必须立即反对资产阶级的和平态度。他们必须要求保证;在必要时,还需索取保证——保护新的民主党政府去实行种种让步和诺言。他们必须和正式的民主党相并立,而树立起他们自己的革命组织。这种组织,可采取市议会、工人俱乐部、劳工委员会等形态。这样,资产阶级的民主党政府将会觉得,他们已经失却工人的支持。这时,工人必须武装起来,组织起来,必须立即采取步骤,使无产者全体能够取得武装。资产阶级的民主党政府一经确立起来,他们就会与工人立在对抗的地位。封建领主制度的废除,将成为冲突的第一个机会。小资产阶级要把贵族的土地,当作自由保有地交给农民,从而在农村确认无产阶级的继续的存在;反之,工人的政党必须要求,新被没收的贵族土地应留为国有,而由农业无产者以合作社的形式去经营,从而把大农业的各种利益保留下来。并且,民主党要使德国成为诸小国的联邦,工人却要求建立一个集权的统一的德意志共和国。工人在不能直接提出他们自己的要求时,必须强迫民主党尽可能在许多点上干涉现社会秩序,扰乱其平衡,从而迫得他们不得不向前走。一切可能的生产要素——运输、工厂、铁路等——必须集中在国家手里。总之,工人必须把一切民主党所提议推到极端。如果小资产阶级提议购买铁路和工厂,工人

就须要求把工厂和铁路没收,不给予赔偿。

马克思恩格斯把这个"反民主党斗争计划"送到德国时,他们还希望革命不久就会发生。但不久他们就认识了,革命的再爆发,不是最近可能的事。

大陆革命的失败,使政治亡命家大群涌到英国来。马克思恩格斯领导下的《新莱茵新闻》社和德国工人教育协会,最先为他们筹备一切。一个社会民主委员组织了;恩格斯担任该会的秘书。委员会在大风磨街租了一所房子,让那些亡命客有膳宿的地方。但这一切人只有一个愿望,那就是回故国去。但菲里齐答应帮助他们回国时,马克思恩格斯却断言革命不会立即再爆发。内部的裂痕,成了不可避免的。一八五〇年九月同盟会总部在大会上公开发生破裂了。他们俩几乎孤掌难鸣。他们提议总部迁往科伦。同盟会遂在伦敦有了两派。较大的一派,由菲里齐和夏培尔领导。他们不愿一切牺牲去从事动作。较小的一派则有马克思恩格斯以及他们的少数最亲密的朋友组成。

在伦敦,马克思恩格斯的意见,又和资产阶级民主党亡命客的意见相左。这些亡命客或从德国来,或从另一些国家来。他们信他们所欲信的事情,相信革命的日子不久就会来到。他们对于他们自己的著作,给予夸大的估价。他们的意见,虽因民族特性和个人野心而分成许多派,但他们有一个共同的信念。他们全都相信民主主义的魔力。和这些亡命客结成一个联合战线的社会主义者不是没有,但《宣言》的作者不能这样想。他们拒绝参加他们的活动,因此,他们不被人理解,也不被人原谅。他们成了最不孚人望的了。"鄙陋

第一部分 生平与事业

的民主党人"的怨恨，他们愉快地接受了。他们知道，他们明天的敌人就是民主党。他们不但不要沟通他们和这种民主党间的裂痕，并且要把它强调起来。

在德国的政治亡命客中，没有一个可以和意大利的玛志尼①（Mazzini）、匈牙利的葛苏士、法国的勒特鲁·洛林（Redru-Rollin）或路易·布朗相比较，但大学教员金克尔（Gottfriel Rinkel）和鲁格，自信可以和玛志尼等人相比。对于前者，马克思恩格斯曾呼他为"无害的人"；后者虽在青年黑格尔运动中和他们站在一起，但以后，他们之间是常常发生争执的。菲里齐自以为是德国需要的领袖，但恩格斯对于他的批评，是我们以上讲过的。

他们又同样不能和另一些国家的亡命客接近。他们更相信经济因素的力量，更不相信人类的意志。这一点，使得玛志尼很不高兴。玛志尼是一个行动家。他曾与鲁格，勒特鲁·洛林等人，创立欧洲中央执行委员会，其宗旨在谋一切国家的亡命客的合作。他是一个彻底的神秘论者。他希望"神圣的行动"得到救济。他持民族自决的信条。马克思曾戏称他为"无任所的民主教会的教皇"。

玛志尼的正直的本性，还使恩格斯觉得可敬；至于那令人作呕的矫揉造作的葛苏士，他对之，简直是一点好感没有。葛苏士曾宣称，在他的祖国内，社会主义不成问题。

法国亡命客的领袖是路易·布朗和勒特鲁·洛林。马克思曾戏称路易·布朗为"社会主义的拿破仑"，洛林虽得广大的拥护，被决定了要成为共和国的总统，但他们对于他的资产阶级民主主义，也

---

① 今译"马志尼"，下同。

 恩格斯传

没有一点钦佩的心思。在他们看来，在法国诸亡命客中，只有布朗基（Blangui）的信徒是可以同情的。他们会和他的信徒们，加上哈尔内、菲里齐，计划设立一个革命社会主义者世界联盟，其宗旨是无产阶级独裁，推翻诸特权阶级。

第一部分　生平与事业

十四　在孟彻斯德

同盟会在破裂以前，发生过一次政治辩论。反对派把党看作是全然无力的，但他们表示，党的力量就是"历史必然性的力量"。同盟会终于破裂了。每一个人现在都和他们背道而驰了。现在，他们可以安静下来，从事理论的研究了。

巴门方面，恩格斯的亲属，不断关心他的前途。妹妹玛利，得着父亲的认可，母亲的督促，给了他一封信。她说，全家人都认为危险，因为他已经有这样一个长期间流亡在各种政治亡命客的会合地点。他说，为他计，他宁可换一个地方。她还说："我们都想到，你也许会愿想暂在商业界图一种确实的收入；只要你的党有了成功的机会，你可以随时告退，回去做你自己的工作。"腓特烈接到这封信后，就决定回去干他旧时的商业生活了。为要使他不易回去做革命工作，父亲想替他在加尔各答找一个位置。恩格斯宁愿到纽约去，因为马克思可以同行。但很造化，这两个计划都没有实现。最后的决定是很简单的。在孟彻斯德工厂内，恩格斯家族是没有代表的；这个工厂一向就由欧门兄弟经营。这件事，对于家族的选择很有影响。但记着一八五○年九月的一个警察报

告,却断定恩格斯所以出此,是因为无以为生的缘故。向恩格斯这样一个能写文章的人,是不愁生计的。他愿意回去经营卑污的营业,是为了马克思的缘故。在恩格斯看来,马克思的伟大的天才,对于主义的前途,是非常重要的。他宁可牺牲自己,好使马克思有专心去研究理论的可能。

一八五〇年十一月恩格斯回到孟彻斯德了。一到那里,他立即寄来了一些营业报告,很得父亲的赞许。父亲对他的态度很快就改变了。一八五一年一月父亲写信给儿子说:"我猜想得到,留在孟彻斯德,是你极不愿意的,但在现情形下,那对于我们的营业却是一件再好不过的事。"二月,父亲答应了他的要求,信上说:"你愿意留在孟彻斯德的提议,很使我高兴,这样你是得其所了,你是我这方面的最好不过的代表。"自哈士佩勒桥上那次悲痛的会见以来,父子一直没有会面。六月,他们再在孟彻斯德会面了。母亲对于他们的会见,非常担心。知道欧门要留她丈夫在孟彻斯德住一些时候,她就写信给腓特烈说:"你们最好不要整天在一起,因为你们不能整天讲生意;你们的政见是这样不同的,所以最好不谈政治问题。"他的忧虑证明了是不错的。父亲对于祖国备极赞美时,被祖国视为叛逆的儿子,是极不高兴的。在高度的愤怒中,他写信给马克思说:"只要几句话,就可以把他的嘴堵住。"但他说:"如果不是还有实际的问题,我真不愿这种无所谓的感情了。"

腓特烈担任德国本店驻孟彻斯德的代表;因为这样,他的薪水可以不靠英国工厂支付。只有这样,他能用他的余暇来从事真正的工作。这个目的是达到了。他告诉马克思说:"大体说来,这一次和

第一部分　生平与事业

老人家会面的结果,是使我满意的,他要我至少在这里停留三年,但我没有担任固定的职务,所以并不一定要三年。我的写作,不受任何限制;我的行止,也不受任何拘束。他似乎没有想到革命这一回事——现在一切人都是这样信赖的啊。他同意每年给我大约二百镑,作为代表费和招待费。"马克思不久以前才失去他的幼儿。他把这个称作"资产阶级社会的贫困的牺牲"。马克思夫人在答复他的慰问信时,愉快地说腓特烈快要变成一个"棉业大老板"了。她知道恩格斯是他们的最同情和肯牺牲自己的朋友。她知道,只有他的帮助,他们最可以安心去接受,而不觉得困扰。

他离开生意场已经八年了。现在回去时,他也不知道会要忍受这样大并且这样长久的牺牲。他希望,下一次的经济恐慌,将恢复他的自由;他还希望,恐慌不久就会发生。但在这个大制造业都市内,他一直住到一八六九年。整整十八年的光阴,愿反本愿地,被用在商业生活上了。

不过,兰克夏和那里的烟囱,从他的生活的实在的内容判断,却证明了是恩格斯分析上最有价值的材料。那里是自由贸易运动的中心,也是英国劳动阶级政治斗争的中心。

在恩格斯离开孟彻斯德的期间内,大宪章运动发生了性质上的大变化。这时候,鄂康诺(O'Connor)的号召力渐就衰落了。更年轻的领袖——哈尔内和琼斯(Ernet Jones)——已经起来。恩格斯和哈尔内的关系,自他初次到孟彻斯德以来,就很密切。鄂康诺正注意小资产阶级的土地整理计划时,恩格斯以为,哈尔内必须特别强调阶级的冲突。琼斯曾在德国受过教育,懂得德文,当然比另一些英国工人领袖,更容易了解马克思恩格斯的理论。他也

 恩格斯传

觉得，必须唤醒工人阶级的意识。一八五二年大宪章派在孟彻斯德的会议中，提出了改组的计划，拒绝鄂布零（O'Brien）的民族改革联盟合作，并确定以工人的阶级意识为宣传基础。这种种，都使恩格斯异常兴奋，所以恩格斯答应在琼斯编辑的《告人民》内投稿。

不过，大宪章派的精神，毕竟不能有彻底的变革。各方的亡命客，都想与大宪章派拉交情。哈尔内领导下的报纸，常有与马克思恩格斯反对的论文发表出来。那些亡命客筹开的大会，也有哈尔内踪迹。难怪马克思在给恩格斯的信内，会说哈尔内有两个灵魂，一个是他自己的灵魂，一个是恩格斯给他的灵魂，一个是自然的人，一个是短的紧身。

这时候，他们经营的《评论》停刊了。他们现今是处在极端孤立的情形下。恩格斯觉得，比较有效果的方法，是以"书籍"的形态宣传。一八五一年二月他写信给马克思说："如果你能够写一本经济学著作来答复这一切亡命客团体，他们将会怎样说呢？""现在，到底，真的到底，我们有另一个机会来表示我们不需要在任一国有任何政党来支持我们了。我们全然和这种胡闹分离了。自现在起，我们只对我们自己负责了。时机到来，我们的朋友真是需要我们时，我们可以提出我们的主张。在这时机到来以前，我们至少可以享受和平的心境——当然，也要忍受某种程度的孤立。"他三十二岁的生日妹妹玛利问他愿望有什么礼物时，他用颓废的口吻答说："妹啊，我已经有好些日子不存愿望了。单是愿望又有什么用处呢？实在说，我是没有愿望的才能的。我所存的愿望，总是不能实现的。"

第一部分　生平与事业

他看到他在孟彻斯德有好些年数要住时,就把书籍搬了来。像他自己说的,他就开始"苦读"。他认识了军事在未来革命中的重要,因此,请威特梅尔开了一个详细的军事学书目。他知道,"没有系统的研究,不能获得良好的结果"。他认真研究了法国革命时和拿破仑时代历次战争的经过。除了军事学,它还研究生理学、人种学,有时候还学习语言——特别是俄文。

在孟彻斯德,他是和玛利·白恩士同居的。一八五二年他父亲再来访问孟彻斯德时,要他担任事务所的总经理。对于这个职务,他每年可得一百镑薪水。最初四年,可以得利润百分之五,其次四年可以得利润百分之七点五,再次四年中可以得到利润百分之十。

但他的收入,除了维持他自己和玛利的家属,还不能有充分的接济,可以保障马克思的生计。马克思夫人虽然是一个有高贵品性和智力的人,但她出生在一个普鲁士贵族的家庭,从不知道度量微薄的收入,来处理一切家务。所以一八五一年《纽约论坛①》(其主编丹纳)特约马克思为撰稿人时,马克思当然不能拒绝。可是,这时候马克思的英文写作能力还不充分,所以他不能不让恩格斯来执笔,至少要由他的手译成英文。我们要知道,几年间,有许多用马克思名字发表的文章,实际都是恩格斯写的。纽约方面的编者,绝不知道孟彻斯德一位工业家是他们的刊物的撰稿人。

约定的稿子已经到交稿的日期了。马克思因为正沉浸于经济学的研究,所以问恩格斯能不能替他写一套论文,来论述德国的革命。一八五一年八月至一八五二年二月十日之间,恩格斯写了一些连续

---

① 今译"纽约每日论坛报",下同。

性的论文,题名:《德国革命与反革命》,他死后,这些论文,才由考茨基编辑成书,用马克思的名义出版。

这时候,威特灵和海因詹正在美国发起反对马克思恩格斯的运动。后来,菲里齐也和这些人串通一气了。所以威特梅尔能够到美洲去代表他们时,他真是高兴极了。恩格斯也想到美洲棉花栽培地采访一次。但空前的繁荣继续着;巴门方面觉得此行是无必要的。威特梅尔的用意是很好的,但没有获得多大的效果。他创办了一个刊物,名叫《革命》。但只两个月就停刊了。改为月刊的企图也流产了。恩格斯虽保证与他合作,但他第一批寄出的稿,在途中遗失了。以后寄出的两篇,却是到得太迟。其中一篇是讨论法国人有侵入不列颠群岛的可能。自拿破仑三世政变以来,这是英国常常被人提起的一个题目。

恩格斯断言,波拿巴族夺得政权的结果,战争的危险是增加了。他和他的同时人一样,以为这个新皇帝,正图要一洗滑铁卢之耻。他断言,法国的进攻有暂时胜利的可能,但时间将成为英国人的同盟。对于英国的胜利,恩格斯有种种理由,希望其成为事实。英国虽然阻碍了一七九三年和一八四八年大陆方面的革命,使其归于失败,但在他看来,英国一国的发展,比大陆全体国家的发展还包含着更多的革命要素。法国大革命已经在征服欧洲的梦想下搁浅了;英国却正用蒸汽机使社会变革,正在征服世界市场,并且正在准备资产阶级和无产阶级决战的战场。在英国,大工业引起了旧制度的倾覆和社会的革命。足以使英国发生根本变革的,不是法国方面的政治骚扰,只是世界的经济恐慌。如果英国被拿破仑的步兵征服了,结果一定会把资产阶级和工业无产者间的斗争延迟。在英国,工业

第一部分　生平与事业

已经发展到成为最高民族利益的程度。其他的人民阶层，都绕在工业资产阶级和工业无产阶级二者周围。所以，如果世界上真有一个国家，其工业技术发展的程度，已经许有完全的社会革命，那就是英国。他断言了，英国的自由主义，在国防脆弱的情形下，一定会把幻想的和平主义粉碎。科布登和布莱特虽然是自由主义的和平团体的会员，但一入阁，他们就会赞成一个持久战，甚至与全欧洲大陆相周旋。

他打算寄给威特梅尔的另一篇论文，也留有底稿，内容是讨论罗素自由党内阁选举权推广的提议。

一八五一年缝工那兹金（Nothjung）——同盟会的秘密工作人员——在莱比锡被捕了。由他那破获的文件，暴露了总部设在伦敦的消息。一八五〇年的"反民主主义斗争计划"，也被搜得了一份。党局把这个文件在报纸上发表了。恩格斯认为，这是一样最有益于他们的宣传。自这个案件发生以来，恩格斯就以最密切的注意，注视其经过。他还把律师需用的许多文件，夹在商业信件里面，秘密送回德国去；他写了许多信，投到英国的报馆去，有时，这种信件也会发表出来。信中说，在德国，出版是不自由的，所以德国内部发生的违法事件，不公道事件，英国报纸有把它尽量发表的义务。

但无论怎样辩护，那些被捕的人还是被判决有罪。马克思立即写了一篇《审判案真相①》，并且不待恩格斯的同意，就把同盟会宣告解散了。宣告解散的理由是：（一）自总部搜捕以来，大陆方面的

---

① 今译"揭露科隆共产党人案件"，下同。

联络已经断绝；（二）这样的宣传机关，和政变后的情形已经不适合。

恩格斯说，这就是德国工人运动第一个时期的结束。从此以后，他不受任何拘束了。他营业的余暇，可以全部用在研究上了。他知道，只有这样做，他方才能够对他终生从事的事业，发生最大的效果。

第一部分　生平与事业

十五　军事研究家

近东的争霸战，在这时开始了。恩格斯以为，东方已经是一个矿坑，其爆裂将会把一切的障碍扫除。所以，竞争尖锐化时，他对于当中包含着的地理问题、人种问题、经济问题、政治问题和军事问题，进行了一种详尽的研究。他替马克思写了许多的关于时事问题的文章，先是投在《纽约论坛》，后是投在布勒斯劳的《新阿特尔新闻》。他用一种综合的方法，研究了国际政治、军事策略和商业政策。这些论文，直到近年，才被人选集起来。由这些论文，我们才明白，恩格斯不愧称为十九世纪后半期最有创见的思想家了。

他注意了巴尔干的斯拉夫民族问题，他注意了土耳其问题。这些问题，在当时，笼罩着全欧洲。一八五三年十一月，土耳其对俄罗斯宣战了。两个月后，英法的船队，驶入黑海的波士福鲁了。欧战已经不可避免了。克里米①战争发生了。

战争爆发时，恩格斯曾有意放弃营业生活，靠他的军事与知识来维持生活。马克思要替他在自由党的《每日新闻》，找到一个固定

---

①　今译"克里米亚"，下同。

 恩格斯传

的位置,似乎是可能的。他的第一篇论文,《论克隆思达的设防》虽然付印了,但谈判终没有成功。《泰晤士报》也拒绝发表他的论文《拿破仑:一个炮兵队长》。这样,他只有替马克思写一些文章投到《纽约论坛》了。不过,这些论文,在美国,却曾引起深切的注意。主编者丹纳写信给马克思说,许多读者认这些论文是斯考兹将军(一八五三年总统候选人)写的。一八五九年他的小册子《波与莱茵①》也在德国被认为是普鲁士某将军的著作。

在战争爆发时,他预料普奥将加入战争。但这个预料,没有实现。这件事,使大陆的战争不能发生。奥地利的动员,更使俄国必须保留巨大的人数不能开上前线。生产技术决定了胜败。因为,在恩格斯看来,这次战争是一个采用古生产技术的国家和几个采用现代生产技术的国家作战。

恩格斯对于泛斯拉夫主义没有好感,因为这个运动是以俄罗斯为主动的。《纽约论坛》在古洛夫斯基伯爵(Count adana Guroroski)的影响下发出袒护泛斯拉夫主义的论调时,恩格斯就在一八五三年九月表示愿意接受这种挑战。古洛夫斯基的论据是,俄美是两个新国家,有共同的需要,使他们和西欧诸国相异。它们都有广阔的领土和巨大的人口,使他们要尽可能去发展他们自己的产业。为这个目的,他们必须建立关税壁垒,解放奴隶和农奴,土耳其,奴隶制度依然盛行的土耳其,已经没有继续存在的机会了。就天然的情形说,俄国已经是一个民主主义国家;土耳其如要发展它的工商业,最好是受俄国支配。

---

① 今译"波河与莱茵河",下同。

第一部分 生平与事业

一八五五年春，恩格斯第一篇反对泛斯拉夫主义的文章，在《纽约论坛》上刊出了，但包含颇大的删削。以后各篇，根本就没有刊出。所以，他的意见应该由一个小册子——《日耳曼人和斯拉夫人①》——的断片去推寻。他以为俄国的未来是在亚洲。

马克思看见他的朋友能够这样敏捷地把思想发表出来，同时并有这样惊人的渊博的记忆，是不胜佩服的。不过，佩服之中，也含有感激。自一八五一年至一八五九年恩格斯写的东西，都不是用本人的名字发表的。他的唯一目的，是使马克思能够在世界第一个大市场的无情的街道上，维持他的一家，并且能够继续研究，把他的思想成熟。

一八五三年夏，老恩格斯再访问孟彻斯德。支店的情形，使老恩格斯非常满意。恩格斯的收入是增加了。但他的增加的收入，还不够应付各方的需要。为了他的朋友的缘故，他曾把一个更好的房子退掉，搬一个租金更便宜的地方。马克思曾说他不愿成为单纯的赚钱工具，但他的这个愿望能够实现，是不能不感激他的朋友的。

不过，恩格斯的帮助，绝不只是物质上的，马克思的成就，其实是他们两个人共同努力的收获。并且，恩格斯的鼓励，也是马克思能够不顾一切而进行理论研究的一个刺激。一八五五年春，马克思失去了他的唯一的非常心爱的男孩。他写信给恩格斯说："近来我心里真是烦闷。在这种烦闷中，我只要想到你的友谊，只要想到我们还有真正的工作要我们一同去做，我就把愁闷抑制下来了。"马克思是一个硬性的人，他的敌人常把他描写成一个"无情汉"。实在

---

① 今译"德国和泛斯拉夫主义"，下同。

的，马克思只在他自己或所爱的朋友受到真正的不幸时，才会流露真正的感情。

恩格斯是一个长而瘦，健康但不十分结实的人。他常常骑马、游泳、击剑，做户外运动，来使他的身体结实。他是很少生病的。他病了，也不完全依赖医生，他会尝试去发现适当的治疗方法。一八五七年夏，他患了毒腺，跟着又发生了再发症和并发症。他读了许多医书。起初，他不肯停止工作；马克思坚持要他休息。最后，他不得不听劝告，到海边休息了几个月。先是在利物浦附近的威特岛，后迁至杰塞。马克思的信说他的病像他自己的病一样扰乱着他的心情。他在大英博物馆，对于医学，从事了一番热心的研究，把结果告诉恩格斯。恩格斯复信中关于鱼肝油和碘的卫生价值，发挥了一个很长的议论。

在他未患病以前，丹纳曾在一八五七年春，要求马克思担任一部新百科全书的撰稿人。恩格斯和马克思相商，由马克思写德国哲学、近代英法二国政治家的传记、大宪章主义、共产主义、社会主义、亚里士多德、伊壁鸠鲁、拿破仑法典，及若干财政问题。恩格斯自己写日耳曼语、古德语、中世德语、罗曼斯语。但美国方面的编者，不要马克思写这些东西，却要他写军事问题，马克思在大英博物馆搜集了许多材料，恩格斯凭这些材料和一本有名的军事学教科书，写了许多这一类的题目。

但他们的工作中断了，这不仅因为恩格斯生了病，并且因为发生了世界性的经济恐慌。

恩格斯在《经济学批评纲要》中已经说过，引起恐慌的竞争法则，不是一个哲学原理，而是一个自然法则，那时他已经断言，恐

第一部分　生平与事业

慌会在五年至七年的期间内发生一次，每次都会比前次更普遍，更有力。《宣言》上说，资产阶级用来抵制恐慌的各种策略，只会引起更大的更普遍的恐慌——这个断言，不过是《批判纲要》已经表示的观念的推广。一八五〇年他第一次提出了这样的假设：生产手段的巨量增加，将会引起接二连三的恐慌，仅由短期间局部的复兴隔开来。他在哈尔内主编的《民主周刊》内说道："不过因为有新的市场开放出来，因为生产成本的减低，使人们对于旧市场可以实行进一步的剥削，逆境才幸而被抵消下来。"但他说，这是有限制的。现在已经没有新市场可以开放了。但在新市场没有实现的可能时，资本家的生产仍不断增加。恐慌成了必然的，由恐慌带来的社会革命，也是必然的。

恩格斯回来做生意时，他原期待着，下一次的恐慌将会在来年发生。一八五二年二月底，恐慌还未发生。他以为，原因是荷兰诸殖民地的开放，各国关税的减低，棉花价格的下落。他告诉马克思说，东印度的市场有异常的伸缩力，加里福尼亚①和奥大利亚②带来了新的扰乱因素，大多数原生产物和工业生产物都便宜。但他还是抱着希望。到十一月底，他的希望才完全冷了。一八五三年四月，他在写给威特梅尔的一封信里，曾说到已有许多引火的资料贮藏着，可以燃烧起下一次欧洲的革命。"欧洲是充分地准备好了，那只需要一次恐慌来引火。"但恐慌没有发生。克里米战争也没有影响普遍的繁荣。自一八五三年秋到一八五六年春，他写给马克思的信，没有再提到恐慌的发生了。

---

① 今译"加利福尼亚"，下同。
② 今译"澳大利亚"，下同。

一八五七年,他这样急迫等着的事情,真的发生了。就在这年的下半年,第一次真正的世界恐慌,把过去十年间以空前速率扩大世界生产力的经济体系的基础动摇了。一八五六年九月德国的过度投机,使资本惊人地觉得短少。恩格斯正确地断言了,这只是暴风雨的预兆,当大破局发生时,他写信给马克思说:"欧洲产业的全部会被破坏,一切的市场会被壅塞,资产阶级会被卷入,全部破产,可怕的战争和完全的困扰。"美国的每一个交易所也都发生了恐慌。英国出人意料地被袭击了。在美国的高银行率开始吸引英国货币以前,一点警报的现象也没有。但这种吸引的结果,是在十月下半月,物价惨跌。这种现象发生时,恩格斯还在杰塞养病。事务所接二连三的信,要他立即销假。他回店的时候,正好看见金融恐慌的现象。好几家苏格兰银行倒闭了。十一月五日他开始把恐慌的消息常常报告马克思。风潮接二连三地来。大陆发生一次小破局后,美国就发生了金融恐慌。东印度也有了恐慌的预兆。但商人恩格斯越是看见交易所的恐慌,越是觉得高兴。有一次他写信给马克思说:"人们看见我突如其来地觉得高兴,都气得要死。"他还说,就是靠恐慌恢复他病后的元气。

恐慌的最初一击,就把庇尔(Peal)的《银行法》停止了。对于恐慌的惊人的发展,恩格斯抱着很大的确信。他以为,英格兰银行也会被卷入。他现在以绝对的确实性,来预料革命了。但他希望,无产者的攻击将只由慢性的困蔽引起来。他说:"经过这样的困蔽之后,无产者将能实行更有力的攻击,将会有更大的统一和更大的协力。好比一个骑兵队的攻击,如果马在跑到可以受

第一部分 生平与事业

到敌人攻击的距离内以前,能疾跑五百码,攻势的执行一定会更巧妙得多。"他还说:"在全欧洲未被放在铁砧上以前,我不要事情发生得太早——如果太早了,斗争的工作将会成为更艰苦的,更讨厌的,更拖沓的。"这时,他的兴致好到了极点。十二月,他写信给马克思说:"上星期六,我出去打猎,在马鞍上足有七小时。事态使我在这几天内异常兴奋。"还说:"在一八四八年,我们说过,我们的时间正在前来。就某一种意义说,那是确实来了。但这一回才是充分地来到。这是一个生死存亡的斗争。我的军事研究,立即就会变成实际的了。我正在研究普鲁士、奥地利、巴维利亚和法兰西诸国军队的战略和组织;除此之外,我就练习骑马打猎。因为打猎是真正的骑兵学校。"他们两个互相表示愉快。马克思说,他虽在不断的贫困中,但自一八四九年以来,要算这时候他最快乐。恩格斯说,他对这一次总崩溃,感觉到一种"可怕的信任心"。马克思夜以继日,从事经济学研究;他希望在洪水发生以前,先把一般的程序弄清楚。恩格斯尽量搜集与恐慌有关的材料,尽量把各种不祥的消息通知他。

但恐慌到十二月底就渐渐平静下去了。以前,银行率迅速向上涨,现在又同样迅速地往下落了。"慢性的恐慌"并没有引起革命。过剩的生产物被吸收了。对于这种奇迹,他用印度和中国的大量输入来说明。马克思的说明是自加里福尼亚和奥大利亚被开发为殖民地,中国和日本的门户开放以来,世界市场和以世界市场为基础的生产就终于实现了。资产阶级的历史使命就完成了。在欧洲,把有色人种当作重要因素的看法,这要算是第一次。中国问题开始被当

083

作世界问题的一环来考察了。

恐慌平息以后,马克思忙着写他的经济学批评,并且要恩格斯不断供给经济生活的现实。一八五八年他把第一辑的大纲送给他看。可惜,恩格斯对于这个计划的细密的批判没有留下来。

在德国境内,已经没有一个政党和团体与他们有关系了。能够不受警察干涉和他们通信的,在德国境内,几乎只有一个人,那就是浮第南·拉塞尔。在革命期间,他已经从杜塞尔多夫投稿到《新莱茵新闻》。他对于马克思的尊敬心,渐渐增长成为友谊。恩格斯很看重拉塞尔的才具,但拉塞尔的性格,很使他不高兴。但这种一向就有的心理,到一八五六年他才明白地对马克思说出来。那时,马克思有一位熟朋从杜塞尔多夫来,说拉塞尔已经离开工人的政党,向自由党献媚了。自此以后,他对于这位"从斯拉夫族边境来的犹太人",就没有一点好感了。马克思也常常把拉塞尔叫作"伊克男爵"或"爱夫莱谟·古特先生"。拉塞尔用一种不慎重的过分的自大心,常常在他给马克思的信里,自命为劳动阶级的领袖。他再没有想到,他信上的每一个字,都会在孟彻斯德和伦敦,被称量,被耻笑。一八五九年他和他们的关系似乎有了转机。他替马克思的经济学著作,找到了一个出版家。恩格斯一个小册子——《论法国将在北部意大利实行对奥地利攻击的危险》——也由他介绍出版了。

但当这种攻击真正爆发时,恩格斯马克思就觉得,他们必须真正反对拉塞尔。拉塞尔要普鲁士利用奥地利的困难,来加强普鲁士对于德意志北部诸邦的宗主权,因为在他看来,奥地利是欧洲

第一部分　生平与事业

民主主义最危险的敌人。恩格斯却以为，真正的敌人是帝俄。他认为，法俄间已有秘密军事条约；这个条约，当普鲁士援助奥地利来和法国对抗时，即将付诸实施。奥地利人在北部意大利的统治权，他是厌恶的；但把奥地利人在朗巴第拥有的战略地位割让给拿破仑三世，他却是反对。他担忧德国将被压迫在两个战线上作战，即同时与法俄为敌。他说，在这样的危机中，现在的政权必定会颠覆。这样，就只有最坚决最坚定的政党，可以把民族救出了。

关于这一年的政治军事情形，恩格斯写了两个小册子。一个是《波与莱茵》，讨论战争爆发有的情形，另一个是《萨威·尼塞与莱茵①》，讨论维拉·法兰加会议以后的情形，此外，他还在《纽约论坛》研究一八五九年战争的经过。有一个名叫《民众》的在伦敦出版的小型德文报纸，也是他发表言论的地方。

《波与莱茵》一书关于战略所发的言论，是特别值得注意的，因为那已经惊人地由世界大战证实了。恩格斯试要说明，因为法国已经在巴黎设防了，已经可以不必在莱茵河要求军事根据地。法国与比利时接界的一线，是弱得可怜。比利时当然是中立的，但历史说明了，在战时，中立条约"不过是一张废纸"。他说："比利时，由凡尔登和玛恩河上游，到莱茵河，绕着整个法国的东部。假道比利时来的军队，可以在驻在凡尔登或夏猛和驻在莱茵河之间的军队开到以前，把巴黎攻下。如其攻势顺利进行，侵入的军队，很可以在

---

① 今译"萨瓦、尼斯与莱茵"，下同。

恩格斯传

巴黎和莱茵河上或莫塞河上的法国驻军之间。挺进一个尖。"法国必须要在比利时境内，以巴黎及其要塞为根据，实行一个攻势。"如果这个攻势受了挫折，军队就须在阿伊塞·爱尼线上，寻觅最后的据点了。这样，敌人虽要再进，也无益处。因为，由比利时来的敌军，如果单独向巴黎进攻，力量必嫌太薄。在爱尼河后面，（以其与巴黎的交通不致隔断），或至少，在玛恩河后面，以巴黎为左翼，法国北部的军队，还能够实行一个攻势，并等候另一些队伍的赶到。"恩格斯在六十年前预料了玛恩河的奇迹。

在第二个小册子里，他忧虑拿破仑取得马根达和梭尔弗稜纳①的灰色荣誉之后，也许会借俄国之助，图在莱茵河上觅取新的荣誉。俄国为要打败奥国，也正需要这样一种同盟。法国皇帝为要保持皇位，只有出于战争一途，但战争所必要的同盟，只有到俄国去找。俄国也许会把莱茵左岸当作礼物送给法国。在恩格斯看来，沙皇制度是欧洲自由和革命胜利的最危险的敌人。不过，这时候，亚历山大二世正在考虑把农奴制度废止。马克思恩格斯觉得，"俄国的内政正在开始"。一八五八年秋贵族召集会议时，他们相信，这正是"革命已经在俄国开始"的记号。农民暴动和贵族立宪运动的力量增加时，马克思断言了，"在下一次革命中，俄国将会仁慈地，与叛党交手"。恩格斯在这第二个小册子里，说明了相同的结论。他说："俄罗斯外交政策的全体系，将由这一种斗争被倾覆；这种斗争，已经在俄罗斯，统治阶级和被压迫农民之

---

① 今译"索尔弗利诺"，下同。

第一部分　生平与事业

间爆发了。这种外交政策，在俄国没有内政史的时期，才是可能的。这个时期，现在已经过去了。政府和贵族所奖励的农工发展，已经达到这样的程度，现在的社会制度已经成为不可能了。从一方面说，它是必须废除的；但从另一方面说，没有激烈的变化，他的废除又是不可能的。"在此以前，恩格斯从不相信俄国将会发生革命；从此以后，这样一次革命，就在他的政治计算中，成为一个确定的因素了。

恩格斯传

十六　工厂主

　　一八五九年仲夏，恩格斯的父亲再来访问孟彻斯德。腓特烈陪着他的父母，在苏格兰度了一个九月。这是他和父亲最后的一次会面。一八六〇年三月，父亲去世的消息传来了。大赦准他回德国来——自革命以来，他还是第一次回德国。他的诸弟以为没有疑问，德国的工厂应由他们继承。腓特烈应只得孟彻斯德的支店。他们不会想到，他虽住在海外，仍不妨为德国营业的股东。但依照英国的法律，商店主的继承人，不能因父亲死亡，而当然取得股东权。诸弟的态度，颇使腓特烈伤心。为避免淘气起见，他于在合同上签下字。他写给母亲的信上说："我可以受任何牺牲，不愿再叫你为这件事操心。我不想再和诸弟争执了，如果你们不强使我，我也再不要提起这件事来和他们争执。一切都过去了。我不再提我吃了亏，他们占了便宜的话了。"母亲的回信没有留下来。两星期后，腓特烈又有一信担保他不再怀宿嫌。"我可以得到一百种别的营业，但永不能得到第二个母亲。"

　　诸弟表示他们愿在孟彻斯德留下一万磅。这样，恩格斯在净利中可以得到的百分比，是比以前更大了。他还由父亲继承了一些现

第一部分 生平与事业

钱。一八六四年他取得了股东的资格,但这一切不过坚定了他的决心。只要资本的利息够维持他自己和马克思的一家,他就要把商业生活放弃了。

一八五〇年恩格斯已经预测,黑奴未来的废止,将破坏美国现行的生产制度。南北美破裂,内战开始,经过四年的斗争,反奴隶制度派终于获胜时,他是极兴奋的。美国人的"转变世界的意义",他原来就极重视。现在,他的政治兴趣和军事兴趣,是全然寄在美国了。但战争影响了棉花市场,所以由营业的观点,他也不得不对这个问题注意。

美国的迅速发展,对于英国的世界独占,早已成为一种威胁。而南部诸州的生产的原料,又是英国几种最重要的产业部门所必要的,所以,英国人看见那需要关税壁垒的北部诸州拥有优越的海军实力,将对南部诸州的海港实行封锁,从而间接停止兰克夏的织机的生产时,是很忧虑的。为英国的利益计,好像北美合众国的破裂,最好是继续下去。所以,英国立即承认了南部联邦的交战国权利。财政大臣格莱斯登(Goldstone)一八六二年十月公开演说,称南部诸州的胜利是有把握的,南部已经不只是一个新的邦,并且已经是一个新的国家了。不过,以自由主义自称的英国公开拥护奴役制度,是不体面的。所以,英国的报纸故意把战争的目的隐蔽起来。他们说,北部诸州为要取得霸权,正竭力要用武力来统一南部诸州,南部诸州当然有权拒绝他们。伦敦、孟彻斯德和席费尔德的工人大示威运动,在一八六二年底,《宣言》反对英国对北部诸州宣战。那时,战争已迫在眉睫:英国的造船厂,支持南部诸州的武装民船:北部诸州为报复计,曾在英国邮船上,捕去南部

 恩格斯传

诸州的几个外交代表。

自一八五九年意大利战争至一八六一年南北美战争间,恩格斯写了许多军事论文。他论述了步炮兵军器一般的改良,德意志诸邦的军事改革,英国侵略中国的战争,加利波底征服西西里的战争,法国侵入英国的可能性,不列颠群岛的防卫,等等。他用一个外籍军官的假名,写了一篇文字,论述南北美战争的爆发,但没有在《纽约论坛》上印出来。这些论文,分别发表在两个专门的军事学杂志上——达谟城的《一般军事新闻》和兰克夏哲夏的《志愿兵月刊》。后来,这些论文的一部分,曾由他自己编成一个小册子,在一八六一年,用《告志愿兵》这个题名出版。

在南北美战争中,恩格斯希望,在人力物力上占着优势的北部民主主义,会在战争的继续中,日益取得优势,而终于得到胜利。但北部临时召集的军队和无经验的指挥官,却是吃一次败战之后又吃一次败战。在欧洲,可资以判断战事的资料是不易获得的,海底电线传来的消息,还极其有限。美国的报纸和欧洲报纸通信员的报告,有几个星期没有来了。即使来了,也不够解答一个军事专家所要问的问题。关于主要的战场,没有一个适当的地图。而这一次战争的性质,和恩格斯曾经看见过或研究过的任何一次战争比较,都大不相同。这是"军事史上一幕空前的戏剧",因为决战的面积是这样大,军事行动的范围是这样大,对敌两方的人数是这样大,开支是这样大,战略和指挥是这样特别。在战略上使用铁道和铁甲船,这是第一次。起初两方都没有十分有训练的军队,但北部的情形更差,因为大多数有训练的军官都属于南部。

北部诸州屡战屡败的事实,颇使恩格斯不安的,但尤使他不安

第一部分　生平与事业

的,是北部诸州似乎不要用"革命的力量",去追求他们的目标。他们的口号是"战到用小刀来血战"。这纯然是一个空虚的夸大。他不得不承认,论军事才能,李要比梦克列伦强一些。恩格斯很担心,北部诸州维持一个军队,不过为要在和平谈判中,示一示威。他用北部的松懈性和南部的紧张性相比。马克思看到,这样一次应该用革命手段来执行的战争,北部诸州居然想用合法的手段去执行,是严厉加以批评的。但他屡次提醒恩格斯叫他不要为片面军事方面的注意所蒙蔽。他说:"西北部诸州和新英格兰,愿意并且会强迫政府不再以外交武器来执行战争……如果林肯不听(他一定会听的),那就会起革命。"林肯是听从了。一八六三年元旦,他为一切黑种人担保了自由。这才是真正的革命行动。

几个月后,他认识了,过早的和平是不至于发生了。北部诸州已经准备大规模的军备了。但直到格兰特将军渐露头角,他的疑惧才全然消释。一八六五年春,李卒为北部的军队所包围,其军队全被俘了。

战争经历了一个这样长的期间,以致英国的棉工业觉得原料短少,生产不得不加限制,甚至停工;工人被解雇了,仍然被雇的工人,也切感贫困的痛苦。恩格斯在事务所内逐日注意棉饥的进行。对于这种棉饥的情形,《资本论》里留下了一个完美的说明。材料大部分是恩格斯供给的。但他太忙了,他对于这次恐慌,只留下了少许的说明。他已经不像一八五七年那样乐观了。这一次恐慌不是由生产过剩引起的;但对于生产过剩所引起的恐慌,他现在的看法也要持比较慎重的态度了。一八六四年十一月棉饥的危境过去时,他写信给马克思说:"在今日,这一类的事情,是不易到头的。"马克

恩格斯传

思的回信说,现在,恐慌的强烈性还嫌不够,但它的频繁性可以把这个缺陷弥补起来。

一八五七年一个小额的遗产,使马克思可以购买一个小房子,并把它布置起来。但正是那时候,经济恐慌使美国的出版市场大为减色。恩格斯总以为,他的朋友的情况,在各方面,都正在走向"光辉之路"。所以,一八五六年圣诞节,他向父亲要了一匹马,作为礼物。他知道马克思的情形又这样困难时,看见这个礼物,他是极烦躁的,他竭力帮助他,但总不能使他脱离苦境,马克思不高兴常常去"榨取"恩格斯,但每次他说到这点,恩格斯总是答说,他希望能够多有一点东西"可以榨出来"。一八六一年二月《纽约论坛》裁减欧洲通信员,并停止百科全书的出版计划时,马克思的家庭情况又特别感到恐慌。他决心要对于自己的困苦,谋一个根本的救济。他回到他的故乡屈里尔①去看他母亲,到荷兰去看他叔叔,还决定到柏林走一趟,因为不久以前,拉塞尔曾来信要他帮忙发行一个刊物。在柏林,他和拉塞尔住在一道,但避免为直接的决定;他说,没有恩格斯在面前,任何决定都不能够做。他主张,恩格斯必须担任编辑。但恩格斯拒绝了。他不愿在这时候,丢弃自己的独立地位,到柏林去依赖拉塞尔。马克思也就以此为借口,谢绝了他的请求。

回伦敦以后,他的日常的家用,还是不能不依赖"孟彻斯德的供给"。十二月,他所负的债务又达一百镑了。他不愿向朋友诉苦,所以暂时他没有把实在的情形告诉恩格斯。但结局他不得不说:"你

---

① 今译"特里尔",下同。

第一部分 生平与事业

为我尽的努力,已经大到叫你负担不起的地步,所以,我真不愿意老是在你跟前报告这种闷人的消息。"六个月后,他又不得不写道:"我现在又要向你诉苦,真是叫人痛心,但是有什么办法呢?每天,她总在我面前表示她情愿带着儿女去死。我真不能责备她,因为我们在这情形下受到的屈辱、苦痛和恐惧,真是不能用笔墨来形容。"恩格斯听到他这样的话,是极痛苦的。他说:"谁榨谁,实在是不关重要的事。"他想由此安慰他。但马克思答说:"先生呐,你要说什么就说什么能!但我只要想到我的穷苦是这样累你,心里就觉得难过。我几时能够找到一个职业啊!"一八六二年九月他实际也曾向铁路公司请求一个职员位置。他的要求没有成功,因得他的字写得太差了。

一八六二年,拉塞尔到伦敦来。他以为,马克思此前的过访,已经完全恢复他们旧时的友谊。这一回,恩格斯没有和他会面。马克思和拉塞尔的关系,也在这次最后决定了。拉塞尔表示他想再开始德国工人阶级的运动,而以自己为运动的领袖,并以旧宪章派的普选权为主要政纲时,马克思就已背向他了。他充分认识了,无论在原则上,在策略上,在目标上,他和他都无相同之处,马克思已经把阶级斗争学说这一种酸液,注入国家这个概念中了,拉塞尔却还尊重国家,想用民主国这一个概念来招摇。他们看见拉塞尔反对那正在与俾斯麦斗争的自由主义派,是大不谓然的。但他们还不知道,拉塞尔已经和俾斯麦订立了同盟。所以,对于拉塞尔的运动,他们暂时没有表示任何意见。

在拉塞尔离伦敦之前,马克思由恩格斯担保,向拉塞尔借了一笔钱。但不到年底,他家里的一切动产,又都进了当铺。店老板挤

 恩格斯传

来讨账,小孩子停学了,因为缴不出学费。马克思感觉到,这一回真是没有办法了。正当他要写信给他朋友时,一个意外的消息突然来了。他接到了玛利·白恩士逝世的报告。二十年来,她是恩格斯的忠实伴侣;他在城市内做过讨厌的工作之后,就和她在一起休息,并集中力量,来做他的真正工作。她已经成了生活上不可少的最可爱的成分。在报丧的信里,他写道:"我不能把我的感触写出来。这个可怜的女子,她以她整个的心爱着我。"但这时候马克思正为迫切的苦境所逼,对于不幸的朋友,没有表示真切的同情,却无粉饰地答说,这个消息使他惊异,使他悲戚。接着,他说到玛利的仁慈聪明,并说她如何深切地爱着恩格斯以后,就用很长的字句,来叙述他自己的困难。他说到,在这时候对朋友提起许多话,是"过于利己",但他自慰地把这种行为,看作是一种以毒攻毒。他还安慰他的朋友说:"总之,我待怎样做呢?在伦敦,我不能对任何人坦白地说话。"他说,在这情形下,他是不能工作的。在一个附笔里,他问他现在打算住到什么地方,并且怎样过下去,因为他现在已经没有可以休息的地方了。以前,在那里,他是可以"自由地,不必管这个龌龊世界的侵扰"。

恩格斯从来只有这一次觉得他受了马克思的伤害。不过,这一回他是受伤得太厉害了。接到这封信时,他不禁觉得,马克思全然不能了解,玛利的死,对于他包含着什么意义。玛利尚未入墓。所以,在复信以前,他让一个星期过去了。他回信时,他恐怕感情会过于流露,所以先写一个信稿。在这稿内,他说:"当然,你会知道,在这情形下,我自己的不幸和你的冷漠的态度,使我绝对没有可能早回你的信。一切我的朋友,甚至俗不可耐的人,都

第一部分　生平与事业

乘这个机会,出乎我的意料,对我表示了同情和友谊。天知道啊!这件事情太叫我伤心了。你却觉得,这是你发挥你的无情哲学的机会。就算你胜利了吧,我不要再挑战了。"但抄写时,他觉得措辞太尖刻了,因此把最后一句删去,把前一句的语气改得和缓一点。然后立即回头来讨论他的朋友的需要。他说明了,这时候什么是他能够做的,什么是他不能够做到的。但最后断言:"我一定尽我的力。"

马克思觉得,在回信以前不如停一停,因为在事态像这样的时候,两个人都不易有"冷静的心情"。然后,他向他的朋友坦白表示,前信一经发出,他就觉得不对,并恳请他不要责备他的无情。"我的内人和女儿可以做证,早上我接着你的信时,我心里的感触,是像我一个最亲密最亲近的人逝世了一样。我给你的信是晚上写的。那时,我的情形似已到绝望的地步。"地主的收租人来了。肉铺说欠账必须立即付清,家里已经没有煤,没有食物了。有一个小孩正病在床上。在这种无望的情形下,他通常是求救于昔尼克主义。他的妻屡次责备他,怪他不把实在的情形全部告诉他的朋友。这一点,特别使他觉得没有主意。现在,她不得不同意他的提议,想使两个年龄较长的女儿去找保姆的位置。他夫妇便带着最幼的一个女孩,迁到一个公寓去住。恩格斯的回信,表示他曾经怎样为这件事所感触,但他的怒气已经平了。他说:"你的坦白,使我十分感激,你自己也知道,你的来信给了我什么印象。随便哪一个,也不能不为一个曾经共同生活这样久的女人的死,而受异常的感触。我觉得,我的青年期,是跟着她一道埋葬了……我对你说吧,你的信,使我一个星期放心不下,教我忘记

不了。不要紧呐,你前回的来信,把我的心印平了。我很高兴,我失去了玛利,没有再失去我的最老的最好的朋友。现在,回来讨论你的问题吧……"

恩格斯说,他无论如何不能让马克思照信上的计划去做。他还说,他已经用"一种极大胆的手续"取得一百镑。马克思回信对于这种牺牲自己的友谊,表示了深切的谢意,并诚恳地说:"我不隐瞒地对你说吧,过去几星期我虽然处在那样的压迫下,但没有别件事,比我们的友谊或将破裂的忧虑,更使我心焦。我再三对我的女人说,这整个讨人厌的事,实在不叫我担心,使我愤急的,只是资产阶级的庸俗气味和她的歇斯底里的行为,逼迫我不能在这时候安慰你,反而把我个人的需要麻烦你……"嗣后几个星期,恩格斯特别显得沉默。马克思担心,说不定又有别的事情触犯了他。但恩格斯的回信,说明了这一点。他说,他这时候正处在"一种非常悲凉的情景中"。他觉得,他不能转换他自己。"那成功了,现在我又是我的故我了。"玛利的妹妹丽子(Lizzy),在此以后,逐渐和他缔结了亲密的关系。

第一部分　生平与事业

十七　德国的内政

这时候，拉塞尔在柏林方面的活动，已经使他们两个不能再忍耐了。所以，他们听说他们最可靠的信徒李卜克内西将于一八六二年在大赦下回到柏林，当然是高兴的。李卜克内西也是一个政治亡命客。在恩格斯看来，他是一个可靠的同志，但在政治上不能有多大的作为。他的烈性，使他容易为幻想所误。所以他寄来的一切报告，他们都要用批判的眼光去考察。在拉塞尔逝世以前，李卜克内西从未将拉塞尔和俾斯麦的勾结报告他们。在他看来，拉塞尔的政策是危险的，但还不能说是主义的出卖者。他认为，马克思还不能代替拉塞尔，只能想法把拉塞尔的势力抑制。因此，没有得到英国方面的朋友的同意，他就答应在次年秋间，设法使他们和拉塞尔会面，以最后决定他们将来能不能够合作。他对于这个小团体内部的权利的比重，有一种可笑的误解。在拉塞尔逝世前不久，他还写信给马克思说，如果他愿意到这里来领导，他只要说一声，就可以办到的。拉塞尔逝世的消息传来了。客观地说，拉塞尔是一个真正历史上的人物。恩格斯在写给马克思的信上说："且不问拉塞尔的文学才能和科学才能，他总归是德国最重要的人物之一。他在今日是我

 恩格斯传

们一个极不可靠的朋友,在将来,将会成为我们一个最确实的敌人。"恩格斯真不懂怎样"像他这样一个政治家,会和瓦拉齐亚一个冒险家去决斗。这只有拉塞尔是可能的。在拉塞尔心中,轻浮与伤感,犹太主义和假武士精神,形成一种奇妙的结合。那正是他的特色"。恩格斯看见了,死的拉塞尔,比活的拉塞尔,会是危险得多的敌人。德国无产阶级如要在马克思主义旗帜下集合,拉塞尔的势力,不仅必须在生理上,并且必须在历史上被消灭。

当李卜克内西把自己的势力估计得过高时,在赫斯看来,马克思全党却不外就是"老板"自己,"秘书"恩格斯,和"经理"李卜克内西。拉塞尔支配下的总联合会,也不觉得他们和一八四八年以《新莱茵新闻》为中心点的旧运动,有什么关系。

一八六四年新的党机关报纸出版了。那定名为《社会主义党①》,由李卜克内西和希淮塞尔②——一个没落的贵族,野心的,聪明的,天主教学校的产物——负责去编辑。希淮塞尔写信给马克思恩格斯时,曾称他们为"德国工人阶级运动的创始者",并邀他们一同编辑党报。他们虽然相信联合会一定会瓦解,但他们还是接受了邀请。但不久他们就由李卜克内西的信,知道拉塞尔和俾斯麦勾结的真相了。

希淮塞尔虽然明白对李卜克内西和马克思提供了诺言,但社会民主党不久就再采取了拉塞尔的战略,把攻击点集中到进步党身上,并称赞甚至积极同情于俾斯麦的政策了。当初,李卜克内西写信给马克思,说他希望报纸能够逐渐取得"正确的态度";还说,如果他

---

① 今译"社会民主党人报",下同。

② 今译"希尔施",下同。

第一部分　生平与事业

们愿意共同负起编辑的责任，他们一定更容易实现他们的主张。恩格斯听了他的话，想试试看。他写了一篇论文，那是讨论普鲁士的军队改革案的。

这篇论文，后来扩大成一个小册子，在一八六五年二月底，在汉堡，用《普鲁士的军事问题和德国工人阶级政党①》这个书名发表了。全书的前提是：政府保守党和自由资产阶级激进党间的斗争，快要到危险的时候了。这正是工人阶级政党起来说话的时机。普鲁士国需要多少兵士的问题，是他们不关心的。他们关心的问题是有多少工人受军事训练。那是越多越好的。在德国工人阶级看来，政府和国会的冲突，要比军队改组案更重要。在工业革命已经完成的国内，工人阶级的唯一敌人是资产阶级。但在德国，还有封建领主，还有地主，有基尔特，有枢密院咨议员，有邦咨议员，等等。在这样的斗争里面，一定有一个时期，斗争两方面，都要求无产阶级支持。当然，两方面都不会准备批准无产阶级的要求，但若有一个独立的工人阶级政党可以当作一个政治因素来计算，两方面就都不能不准备对无产阶级做种种让步了。

但工人可望从哪一方面取得更大的让步呢？在答复这个问题时，恩格斯对于希淮塞尔的政策大加批评，不过没有把他的名字举出来。他说，反动势力的胜利，一定会延迟工人夺得政权的日期。资产阶级的胜利，却每次都有益于工人阶级的胜利。这种胜利，可以把阶级斗争明朗化，并加速无产阶级克服资产阶级的日期。近来，对于某一些人（他意下是指俾斯麦），一种新的反动方式成了时髦。这就

---

① 今译"普鲁士军事问题和德国工人政党"，下同。

 恩格斯传

是波拿巴主义。在波拿巴主义统治的国家内，工人和资产阶级一样会把政治权利全部丧失，出版自由和结社自由将被禁止，选举权将受限制，以致反对派的候选人，几乎全部不能当选。在这情形下，两方面都只能希望一个休战；由此，工业将能迅速地大大地发展起来，并为一个新的更激烈的斗争，创造出各种要素来。

恩格斯以为，剥夺国会的权力，绝非无产阶级的利益。选举权如果是由政府赐予的，政府也就有权将其撤销，在德国，封建地主所剥夺的工人，尚倍于资产阶级所剥夺的工人。由于地主们的怀柔政策，由于不良的教育，由于系统的愚民政策和蒙昧政策，农业无产者最不易认识他们自己的社会地位。在有一个工业工人就有两个农业工人的国家，普选权会得到什么结果呢？在农业无产阶级未被卷入无产阶级运动内部时，普选权对于都市无产阶级，将不是武器，而是陷阱。工人阶级政党和资产阶级反对党间虽然不可避免要发生斗争，但在他们未曾钉对钉，互相对立以前，这类斗争是不会爆发的，资产阶级不要求普选权，出版自由，结社自由，是绝不能夺得政权的。但这几件事情，正是工人阶级在求自身解放的斗争中所必要的事情。所以，资产阶级虽必然会成为无产阶级的敌人，但无产阶级为他们自身的利益，应尽力支持资产阶级来对抗反动势力——如果资产阶级还忠于他们本阶级的利益和主义。

《社会民主党报》谄媚俾斯麦和崇拜拉塞尔的态度，使恩格斯十分愤怒。但他还没有和它断绝关系。后来，李卜克内西辞职了；希淮塞尔看见"马克思的旧党"已经没有势力。也尽量对马克思党嘲笑。实在说，有一个相当长的期间，马克思主义几乎在德国工人中间，失去了全部势力。

第一部分 生平与事业

马克思主义不能在德国工人中繁殖起来,但已经在伦敦的国际工人协会内,获得了适当的基础。这个协会,是在恩格斯游历希勒斯维格·浩尔斯坦时所创立的。这个组织的初期历史,在恩格斯的传记上,不占重要的地位。不久以前,他成了工厂的股东,所以除了捐钱,他不能做别的工作。他预料这个协会只要当前的问题一经提出,就会归于破裂。他还担心,实际的活动不免会妨碍《资本论》的完成,但这种"通电工作"的希望是这样大,所以就是他,也只要可能,就要对这种组织尽他的最大的力量。

普鲁士在俾斯麦领导下的进步,在最初,是恩格斯不愿承认的。俾斯麦召集国民会议的主张,恩格斯认为是变戏法。他看见了,俾斯麦的波拿巴主义,已经是资产阶级的实在宗教,一八六六年他给马克思的信里,力言资产阶级已不能有独立的政治行动。"我——看得清楚了,资产阶级是不能实行统治的,所以标准的政治形态是波拿巴主义;不然,就是像英国一样,由少数几个人,为了很大的报酬,而为资产阶级利益,负起指导国家社会的任务。以波拿巴主义为基础的半独裁制度,会在反资产阶级的情形下,维持资产阶级的主要的物质利益,但不让资产阶级自己去统治。在另一方面,这种独裁制度,也将被迫违反夙愿,而采取一种政策,来维持资产阶级的物质利益。"

普鲁士对奥地利宣战时,恩格斯曾预言普鲁士的失败,因为他相信,普鲁士军队的纪律,已经在宪法斗争中破坏了。他曾对马克思提出如下的预言:六月底将会发生军事的革命。"如果这个机会等闲放过了,如果人民让这个机会等闲放过,我们就可以卷起革命包袱,回转来研究理论了。"

 恩格斯传

在萨瓦多决战以前，恩格斯曾在《曼彻斯特卫军》撰了五篇论文，论述交战国双方的资源，前途和斗争的进行。但他预料普鲁士失败时，普鲁士居然获得大胜利了。他对马克思（九月十四日）说："无论如何，俾斯麦现在是跃跃欲试，想把他的德意志帝国实现出来。"七月九日他已经写道："简单的事实不外是这样：普鲁士有五十万支自动枪，世界其余各国不到五百支。一直到现在，普鲁士是处于绝对优势。你以为俾斯麦不会利用时机吗？当然，他会。"现在，他当前最大的敌人，不是波拿巴，而是俾斯麦了。他在事实的面前，不得不承认，在德意志，普鲁士主义即将流行。

正在德意志发生这样大的政治变革时，马克思忙于整理《资本论》第一卷，准备将其付印。对于《资本论》的命运，恩格斯是这样深切关怀着的。在病与贫的交迫下，马克思曾对恩格斯说起，只要他的书完成了，家人不愁饿死，他是不管今天死还是明天死的。恩格斯答道："你知道，我已准备做我所能做的事情，在极端的情形下，我还可以超出冒险的程度来做。但请拿一点理性出来，为我和你的家人的缘故，请一位好医生看看吧，如果你有什么事，这全部运动将会怎样呢？"一八六六年恩格斯听说第一批稿子已经付印时，特别饮了一杯，祝贺著者的健康。和马克思自己一样，恩格斯以为，这部书将会引起极大的印象，并信马克思未来的收入，可由此得到一个帮助。同时，他还希望不久他自己也可以抛弃营业的生活，因为这样生活，正在破坏他自己的工作。他把这些意思通通告诉了马克思；现在他说："我心里老是想到这件事——你的情形将会怎样。现在，如果事情真如我们所想，这个问题就自行解决了。"在马克思的复信里，有这样一句有意义的话："没有你，我不能把这部书完

第一部分 生平与事业

成。我对你说吧,在我意识中,只要想到,你主要就是为了我,而把你的光辉的能力,虚掷在无聊的生意场中,并为我的贫苦所累,我心里就觉得不安。"

《资本论》出版了。恩格斯以为,用一点小计,来促成这个著作的畅销,也不是不可以做的事。他写了许多匿名的广告文字:他的信徒们,在德国,还看见这种广告,被插在资产阶级报纸内,李卜克内西编辑的《民主周刊》,也可使恩格斯随意使用。但这样的科学著作,是从来不会畅销的。历史学家俾斯勒(Beesle)——马克思的友人,《二周评论》的助编——答应接受恩格斯一篇评论。但主编人约翰·摩尔勒,把那篇评论搁下了,说这个题目太枯燥,不适于在杂志上发表。恩格斯所撰的这些论文,目的都在于教育读者。没有准备的教育,读者是难理解这个科学著作的。其中有一篇说到,《资本论》对于以前各种经济学体系包含着一种批判,并使社会主义理想得到一个科学的基础。这个基础,不论是佛里埃①,还是蒲鲁东,甚至拉塞尔,都是不能给予的。由这句话,我们可以看出,恩格斯为什么要在物质方面精神方面作种种牺牲,以促成《资本论》的完成了。马克思也明白这一点,所以在一八六七年六月二十二日一封信里,对他的朋友说:"你的满意的表示,和全世界对这部书所说的话,比较起来,还是于我更重要的。"

普鲁士的勃兴,对于德国工人阶级的运动,将会发生什么结果,马克思恩格斯是看得很明白的。他们明白看到了,北德意志联邦的形成将会是无产阶级取得民族统一性的机会,但他们的留在德国境

---

① 今译"傅立叶",下同。

内的同志,却单从反普鲁士主义的观点,去看全部情形。当恩格斯把这一点提出时,李卜克内西回答说,他不能要求他的支持者,立即与小资产阶级的"南德意志人民党"分裂。他说,这里只有党的新兵,还未曾有高度训练的党员。他说,他们还有种种偏见要扫除。最后他催促恩格斯说:"不要单是责备我吧,我已经在这里取得了相当的位置。我现在的任务是保持它,稳定它。为党的利益来利用它,那是你们的工作。就动手吧!"

在这里,它是指倍倍尔(August Bebel)在萨克森领导的大众党。这个政党的党员,主要是工厂劳动者。倍倍尔是一个热性的青年,是一个车旋厂工头。遇到倍倍尔后,李卜克内西觉得,他已经得到他所需要的帮手。他开始向希淮塞尔攻击。他攻击希淮塞尔的领袖独裁政策,攻击希淮塞尔的工会政策。在一八六六年秋纽伦堡的大会内,倍倍尔和李卜克内西第一次胜过了希淮塞尔,第一次招抚了希淮塞尔一些党徒。次年夏,社会民主工人党在爱森纳①(Eisenach)成立了。社会主义工人的政党,正式与资产阶级民主主义的残余破裂了。恩格斯虽然不能赞成全部《爱森纳纲领》,但他以为,这应该算是第一个真正的社会主义政党了。

---

① 今译"爱森纳赫",下同。

第一部分　生平与事业

十八　再成为自由人

　　恩格斯和他的伙计欧门兄弟的契约将于一八六九年夏满期。欧门兄弟很知道他不喜欢生意，所以在一八六八年夏，提议许他退股，并对于他的商誉，提出相当的赔偿。这个提议，使恩格斯太高兴了。在赔偿额的谈判中，他所考虑的，是资本的利息，够不够逐年满足他自己和马克思的需要。一八六九年五月，他从商店提出了七千五百磅，但谈判还未完全定妥。七月，他已经能够写信给马克思说："哈啦，从今天起，我可以不谈生意了。我是一个自由人了。"那时，马克思的幼女爱灵娜①正好住在恩格斯家里（她常常住在他家里）。恩格斯去世后，提到这件事，她说："我永远不能忘记，那天早晨，他穿起长靴，这是他最后一次到公司去了。他高兴地喊着：'最后一次了！'几点钟后，我们立在门口等候他时，看见他从屋对面一个小田园穿过来。他手舞着一根手杖，唱着，满面含着笑容。"恩格斯写给母亲的信说："从昨天起，我已经变成另一个人了，更年轻十岁了。今天早晨，我没有到愁惨的都市去，却在美丽的气候中，在田

---

①　今译"爱琳娜"，下同。

 恩格斯传

园里,散步了几小时。在布置得相当舒适的房子里,打开窗户,也没有尘灰飞进来把东西弄得墨黑。窗户上有花,房子前面有几株树。我坐在书桌上,做的工作,是和昨日以前的工作全然不同了。昨日以前我是在货栈一个灰暗的房间里,望出去,就是一个酒店的天井。"

恩格斯当初回事务所去时,原希望下一次恐慌,会把他召回。但这一去,是经过了十八年。他屡次为希望所欺骗。他很知道,像这样被锁链在庸俗的事物上,是危险的。他担心着,他的天才也许会全然锈掉。他忧虑抽身出来的时期会来得太迟。现在,他已经是四十九岁了。他已经不是一个急性的青年了。在青年时,他希望打猎,有一次,还在马上坠下来,把骨头折断了。现在,他已经不是这样的一个人了。不过,他觉得,他还是在年富力强的时期。一嘴棕黄色的龇须,一些灰白色的头发,虽然如此,他还是没有一点老人气。他热爱生活、好动、快乐、善饮——这就是恩格斯;并且一直到高龄还是这样。他是从来不颓废的。他时时知道什么是他应做的工作。他也从来没有怀疑过他这种工作的重要和神圣。

九月,他和丽子·白恩士一同到爱尔兰游历。从此以后,他每次提到她,总是把她当作他的妻子看待的。同行的人有马克思的幼女爱灵娜。丽子有天赋的智慧,虽然她不能好好地读,好好地写。她出身于真正的爱尔兰无产家庭。她的全部精神,充满着对被压迫的祖国人民的爱。对于革命的斐尼亚党,她抱着热烈的同情。有几个斐尼亚党员,寄住在她家里;她常常参与他们的密谋。在她家里,革命的黑绿旗是常被敬礼的,所以恩格斯对于这样一个家庭,觉得很有吸引力。在他看来,斐尼亚运动的性质,在英国的状态下,是

第一部分　生平与事业

空前的,惊人的。对于他们的"巴枯宁式的,矜持的,无目标的行动宣传",他不能赞成。但他以为,爱尔兰农民的暗杀事件是无法停止的:"只有靠这种手段,人民才不致全部为地主剿灭。"

这时候,大宪章运动已陷入垂死状态中,迭斯累利的选举改革运动,曾一时为恩格斯的革命希望的主要寄托所。但一八六八年十一月的选举,成了"英国无产阶级无能的致命的证据"。约翰·布莱特竟被视为工人阶级的领袖。当他对于这种种运动觉得失望时,爱尔兰问题对于他就一一显得重要了。他和马克思以为,英国地主寡头政治的没落和革命精神的复活,必须由爱尔兰发动,并且必须由爱尔兰推进。

和丽子一同到爱尔兰旅行的时候,他就决定要写一本爱尔兰的社会史。一八五六年他偕同玛利到那里访问过一次,那时他已经注意到了,"英国资产阶级的所谓自由,是以殖民地的压迫为基础"。自此以后,他和马克思屡次谈到爱尔兰受压迫的问题。屡次的选举,说明英国的产业工人,对于生活标准较低的爱尔兰方面的竞争者,怀有深切的厌恶心理。甚至在国际工人协会内,他后来也看到有人提议把爱尔兰的各个支部隶属于英国联合会。他对于这种提议是反对的。他常把爱尔兰当作一个独立的民族看待。现在,他可以在爱尔兰当地,研究爱尔兰各方面的情形了。

一回到孟彻斯德,他就开始搜集各种与爱尔兰历史有关的材料。这种材料,是从孟彻斯德各图书馆和伦敦各书店找到的。他愉快地发觉,猎取资料,比在"混乱"交易所内猎取顾客,是更有乐趣的。他的著作,计划分为四节。前两节,讨论"自然状况"和"古代爱尔兰"。这两节,在他逝世后,在他文稿中发现了。第三节,论述英

国的征服;第四节论述英国人的统治。这两节,都没有保存下来。第四节,打算分作三段:"刑法"、"一七八〇年至一八〇一年的叛变和联合"和"联合王国中的爱尔兰"。恩格斯赞成马克思的意见,把最后一段分成两期:"小农民时期,一八〇一年至一八四六年""剿灭时期,一八四六年至一八七〇年"。

这本书,打算由爱尔兰的自然状况,说明爱尔兰的命运。英格兰人总想把爱尔兰人同化。"如果他们真的想把爱尔兰人同化了,爱尔兰的全部历史,就会属于英格兰了。这可以批评,但没有办法。但经过七百年的斗争,他们还是不能把爱尔兰同化,又怎样呢?如果每次新侵入者来到,却被爱尔兰人同化,又怎样呢?如果爱尔兰人至今还是像波兰人受一世纪压迫之后还不是西部俄罗斯人一样,不是西部不列颠人,又怎样呢?如果斗争还是不能停止,并且如果不是把被压迫的民族剿灭,这种斗争就永无停止的一日,又怎样呢?这样,任何地理上的理由,也不够证明英格兰有把爱尔兰征服的使命。"恩格斯以为,爱尔兰的苦命运,几百万年以前,就被决定了;那时候,爱尔兰岛上的炭层被冲掉了,所以好像由自然命定了一样,注定了要成为临近一个大工业国的农场。

但爱尔兰注定要成为英格兰的农场或牧场么?"和英格兰比较,爱尔兰是更适于畜牧的;但和法兰西比较,英格兰也是比较适于畜牧的。我们能够因为这个缘故,便说英格兰全部应转化为牧场,其农业人口全部,除少数畜牧者以外,应被送往工业都市或美国,好让开地方来养家畜,然后把家畜运到法国去交换丝和葡萄酒么?""爱尔兰方面的地主,提高了他们的地租,英格兰的资产阶级降低了他们支付的工资——这样就把一个社会革命引导入一个主要从事小

第一部分 生平与事业

规模农业的国家了。这个社会革命的意义是四百万人口的移出，和爱尔兰人民的剿灭。""今日英格兰需要谷物，爱尔兰就好像天生是适于栽种小麦的。明日，英格兰需要牛肉，爱尔兰就好像天生是适于畜牧的。五百万爱尔兰人的生存，就是政治经济学一切法则的直接的侵夺。"他和马克思一样，认为爱尔兰是英国土地贵族的屏障。如果爱尔兰的土地贵族失势了，英格兰的土地贵族也会失势。只有这样，英国无产阶级革命的先决条件才算具备。

恩格斯对于爱尔兰民族，存有一种独特的敬爱心，他爱他的玛利和丽子，他也爱玛利和丽子的故乡。"爱尔兰有可怕的复原力。在最残暴的压迫之后，在剿灭政策实施之后，爱尔兰人不久又会把他们的头抬起来，并且比以前还会更强。"

一八七〇年秋，恩格斯和丽子移居到伦敦，在利坚①公园路（Regemts Part Road）买了一所房子，只要走一刻钟，就可以到马克思的寓所。在身为工厂主时，恩格斯在政治上不能有积极的活动。现在，他是一个自由的作家了。他立刻就在国际协会当了选。李卜克内西盼望恩格斯回国当选为国会议员。但他不愿走进俾斯麦的势力圈内，宁愿住在海外，来追踪大陆方面的发展，并在自由空气中，从事理论的研究。

他离开曼彻斯特时，法国正和普王统帅下的德国军队，进行最激烈的战争。在战争初发生时，恩格斯说，他自己是一个莱茵人，但他不信雅各宾党统率下的法国，将会解放被压迫的民族。法国人，包括无产阶级和社会主义者，借口俾斯麦主义的危险，要出而干涉

---

① 今译"瑞琴特"，下同。

德国。恩格斯说明了,俾斯麦主义不是"德国天然的东西"。他写道:"我以为,这是极端重要的。这些绅士们应以平等待遇我们;在革命事件中,尤其是如此。"

但德国工人对于战争应抱的态度是怎样呢?在工人阶级中,应否支持这一种战争的问题,颇有意见分歧之处。马克思被请求去解决当前的争执,但他未与恩格斯商议以前,没有表示意见。

八月十五日恩格斯的答信,一开始就说:"拿破仑已经使德国卷入一次为民族生存而进行的战争了。"如果德国被战败了,德国将会有许多年数,甚至许多代数,不能复原。"这样,德国将会没有独立劳动阶级运动了。一切能力将被吸收去恢复德国民族的生存,德国的劳动阶级,将只能成为法国的附庸。但若德国把法国战败了,波拿巴主义将被推翻,德国方面的争斗不已的问题将告结束,德国的工人将能以更大的国民规模组织起来,并且,无论法国将来采取何种政治形态,法国工人,总会比在波拿巴主义下,获得更大的自由。"所以,恩格斯当初的意见是:德国劳动阶级在民族运动以自卫为限度时,应当参加去支持这种运动。他以为,如果德国战胜了,那只要巴黎成立了一个反战的共和政府,党便应当起来,发动一个荣誉的和平运动。他说,两国劳动阶级的利益共同性必须特别强调,他们不赞成战争,也不互相仇视。

李卜克内西反对民族运动的尝试,惹起了恩格斯的鄙笑。他曾对马克思说:"如果德国一般的感情是这样,我们不久就会再看到莱茵联邦之类的东西了。这时候,他将会知道他的活动已经发生什么结果,劳动阶级将被放到什么地方了。"

第一部分 生平与事业

在战争进行中,恩格斯在自由党办的《包尔茅杂志①》,讨论了战争的进行。自一八七〇年七月二十九日至一八七一年二月十八日间,他发表了六十篇关于战争的论文,这些论文,后来在世界大战中,用书籍的形式再版了。这些论文所引起的注意,给了他适当的精神上的报酬。《旁观报》更称这些论文为英国报纸上未曾有的最重要的论文之一。《泰晤士报》和别的一些报纸时常偷引他的论文。因此,当他预言色党的大胜利时,马克思写信给他(九月二日):"你第一篇马克思汉的论文,已经得到光辉的证实了。现在你要开始写第二篇论文;在这样做的时候,你要把你自己的战争论重述一遍。你必须把英国人鼻子下面一切的东西都刮光,他们才会注意你,过于谦逊的态度,是不能对付英国人的。"

欧洲最有势力的一个人——拿破仑三世——现在成为德国人的俘虏了。资产阶级的共和国,再在法国被宣布成立。德国统一了。这时,恩格斯的态度改变了。在他看来,欧洲的危险,已经不是法国的波拿巴,而是德国的俾斯麦了。他反对德国的领土要求,他以为,亚尔塞斯与洛伦的吞并,固将使法国失去一大块领土和大约一百二十五万人民,但法国依然不会受钳制。再把梅兹和斯特拉斯堡也割过来,法国人也还能在南雪或凡尔登成立新的阵线。所以,九月十二日国际协会发表了一节《宣言》,力言吞并亚尔塞斯与洛伦这件事的危险。《宣言》的军事论点,分明是恩格斯指示的。

这时候,恩格斯很希望,甘伯达统帅的民军,会在被征服的土地内崛起,将德国王室的军队驱逐出境。一八七〇年底,他起草了

---

① 今译"派尔-麦尔新闻",下同。

 恩格斯传

一个斗争计划,据说,会由拉法格(Lafargue)之手,交到法国政府。自九月以来,赫德公园时有示威运动;激进派、无产阶级和爱尔兰人,群起要求援法。这种示威运动,恩格斯是不重视的。但十月三十一日,俄国宣布停止一八五九年巴黎和约的条款了。这个条约,限制着俄国的黑海主权。俄国的这种举动,当然使英国朝野大震。恩格斯因此在《包尔茅杂志》上,郑重暗示英国有出而干涉的可能。十一月二十一日,他还说,因为俄国揭开了东方问题,所以法国的命运不必要到战壕决定,欲将在一个为参战国的内阁决定了。普鲁士将被迫退出巴黎了。

第一部分　生平与事业

十九　国际的分裂

　　一八七一年一月底,国际协会总部,开了几天的讨论会,讨论的问题是英国。无产者对于大陆方面的发展,过去和现在是采取什么态度,将来又会采取什么态度。讨论分三部进行。那是由恩格斯提议和计划的。第一部分,断言英国的工人阶级运动,必须竭全力,使英国政府承认法兰西共和国。第二个部分,断言援法的武装组织,只有在一定的时机可以成功,现在时机已经过去了。第三个部分,断言英国如不能夺回使用实力的自由,即使用海军力的自由,他将无法过问大陆方面的事情,也无法抵御欧洲极权主义的军事国家。这就是说,英国必须把克拉伦登勋爵在巴黎会议中所发的《宣言》,宣告废止。英国的威力,完全系于舰队,但一八五六年的《宣言》,设立了一种海事法规,来取缔武装民船。照恩格斯的估计,普俄的秘密协定,已经是没有疑问的。帝俄既然是当时欧洲最危险的敌人,所以,恩格斯很希望英国能有充分的实力,可以打击俄国。但这样,英国的商业是要受损伤的。英国的资产阶级为了他们自身的利益,不惜牺牲英国的实力了。只有工人阶级,因为他们没有私有财产可以损失,所以也不要保障私有财产的安全。他们应发动起来,使英

 恩格斯传

国能够恢复它所必要的实力工具,并保持这种工具,一直到俄罗斯帝国瓦解。在他看来,只有英国能够有效地制裁帝俄和普鲁士目前的侵略战争。

在德国工人阶级运动中,有拉塞尔的势力,要马克思恩格斯去铲除;同时,在国际协会内,又有巴枯宁(Bakunin)的地位要他们去扫除。在他们看来,巴枯宁在国际工人阶级运动中的地位,是和拉塞尔在德国工人阶级运动的地位一样。

巴枯宁是一个俄国贵族出身的醉汉。对于他,革命是一种情绪的陶醉。他不喜欢系统的研究。他的热情,不寄在书本上,而寄在人身上。在他看来,科学和生活是不相容的。科学之是一种无结果的事业。他的生活是混沌的。他本身就是一个混沌,是一团热和一团火,会不断喷出炎热来。他的故乡,一直到这时候,还是没有一家大规模工厂。他的世界是大地产和小农场构成的。就到后来,他还是相信英国那样的大工业,不曾在斯拉夫族国家和拉丁族诸国家同样发生。

这些性质,决定了巴枯宁的思想的性质。他要求个人为极端的自我牺牲,来解放人类。在他看来,这种解放是一些小阴谋家团体努力的结果。运动的最高点虽然寄托在群众身上,但推动群众,只是少数热心的阴谋家的使命。他反对一切权威。他曾夸大地断言。国家的废除可以把一切的社会病害医治好。

他在西伯利亚被长期囚禁之后,逃出来了。一八六八年在和平自由民主联盟的一次会议内,他要求废止一切国家,建立一个世界联盟,以自由的生产协会构成分子。这个提议为大会所嘲笑时,他才注意到国际工人协会。他要把他的"无政府主义"理论,移植到

第一部分　生平与事业

国际来。他以为，国际的力量只够把劳动阶级组织起来，所以他觉得，在其内，必须另有一个无形的组织，即以"集体的行动"为目的。他相信，他的任务就是组织并且领导劳动阶级运动内部的这个无形的组织。

国际工人协会虽然已经在马克思恩格斯的领导下，但里面包含着的社会地位和政治认识，还是极多差别的。他们看见了，这种情形，所以在提出主张时，他们往往不得不忍受必要的限制。要他们忍受这种必要的限制，已经不易做到。他们肯让这种可以把协会根本破坏的思想和行动，在协会里滋长么？巴枯宁以前曾经创立一个社会民主联盟，已无政府主义为公开的主义。现在，为要把会员介绍入"国际"，他声称把那个团体解散了。但马克思恩格斯总以为，这种解散不过是一种名义上的表示。

一八七一年三月巴黎的无产阶级暴动了，但旋即失败了。上万的工人被屠杀在巴黎市街上。当时马克思曾大呼，巴黎公社失败了，但它的主义不会死灭。他还在国际总会宣读了一篇有名的演讲词，说明这几天大流血的历史意义。他把公社的无意识的倾向，熏染成为有意识的计划了。二十年后，重印这篇演说词时，恩格斯曾说，这种熏染"在当时的情形下是适当的，乃至于是必要的"。

一切偏袒公社的人和政党都被搜索了。大陆各国的政府和全欧洲的报纸，都热心参加这种搜索运动。在英国，自由党的报纸和保守党的报纸，争着要表示他们的凶狠，因此，恩格斯断绝了他和《包尔茅杂志》的关系。公社的举动，他不是完全赞成，但资产阶级的一致的凶狠，使他毫无保留地，左袒公社的行动和目标。他的母亲也有所闻了。在一封已经丧失的信里，她惋惜她的长子，虽然会

 恩格斯传

隶属于一个举世骇怕举世诟骂的恶党,并且暗示,如果恶魔马克思不和他在一起,他的政见也许不会如此。腓特烈的回信答说:"你知道,三十年来,我的见解始终没有改变。当事态迫使我时,我不单要保持我原来的见解,并且要用种种别的方法来尽我的责任。你当然不会觉得奇异。我不这样做,你倒有理由觉得可耻了。马克思在与不在,甚至有没有马克思这个人,是一点关系没有的。"他以后写给母亲的信没有保留下来,但这是可以断言的,他始终爱着他的母亲,母子间的美好关系,没有因这最后一次的争论,发生严重的影响。

公社的失败,使国际内部趋于分裂,英国工会的两个领袖奥特加(Odger)和鲁克拉夫特(Lucraft)虽然是国际的发起者,但看马克思公开袒护公社的演讲词,就觉得这是他们脱退这个团体的充分理由了。关于这件事,恩格斯说,他们加入国际,不过为了想利用国际,来支持选举改革同志会。现在他们退出国际,又不过因为他们现在不要和自由党相争,因为自由党答应设法为他们找到国会的议席。

这件事情发生以后,国际协会内部的冲突,是更激烈了。恩格斯以为,对于这问题,比较妥当的处理方法,是开一次公开的会议,但问题应由一个秘密会议去解决,恩格斯很知道,国际协会的组织还很不健全,各国的支部对于总会,多是貌合神离。他相信,国际协会必无法存续,如果总会和各支部的联络松懈下来。各国支部,多不满意总会居超越地位,但总会的支配权,恩格斯认为,是不能不保存的。

秘密会议在九月间召集了,到会的,几乎全是马克思派。反对

第一部分 生平与事业

派的代表,没有一个出席。秘密会通过了许多决议案。其中的一个是指责各种离心的努力,认为这种努力可以损害总会的力量。还有一个决议案,认定离开政治行动,经济的胜利是不能得到的,并且,劳动阶级应随处组织独立的行动。这是公开宣战的记号。因为在巴枯宁看来,这种决议是一种政变,其意图在使国际变为集权机关,以总会为独裁者,并以马克思主义的纲领为整个协会的纲领。

秘密会的决议案,提到公开大会去讨论了。恩格斯已当选为国际的通信委员,对意大利和西班牙直接负责。这两个国家原来是反对派活动的营生。他力要把他们克服。在西班牙,他信赖拉法格——公社运动的亡命客。在意大利,他信赖加洛·加菲洛(Caro Cafero),但这位青年,在伦敦,虽然曾经是恩格斯的亲密的同志,但一回到意大利,他就成了反对派的领袖了。——一八七二年八月意大利的里米尼大会,就在加菲洛的主席下,宣告与总会脱离,并决定不派代表出席荷兰的公开大会。

同时英国方面的离心力量也在增强。英国的联合会已经成立了。一八七二年第一次大会中,联合会的书记赫尔斯(Hales)提议,英国的联合会应有权与其他各国的联合会发生直接关系。这就是不要总会干涉。八月六日恩格斯以小组委员会的名义,正式在总会对巴枯宁和他的"秘密联盟"提出抗议时,赫尔斯是站在巴枯宁一面,说实际有两个秘密团体在国际内争权。在公开大会内,英国代表是全部支持无政府主义派的立场。

大会九月二日在海牙举行。恩格斯到海牙以前,以为可以稳得多数。开会厅名叫协和厅。但会议的进行表现得极不和谐。巴枯宁

117

 恩格斯传

没有到会。反对派由一个瑞士人,名叫杰姆士·吉廉(James Gaillaume)领导。由马克思提议,大会组织了一个小组委员会,来裁判恩格斯关于秘密组织所搜集的各种证据。巴枯宁和吉廉被开除了。判决案不但指责巴枯宁的违反纪律的行为,并指斥他的受贿。

在众人的惊异下,恩格斯还提议中央执行部的办事处,应迁往美国。这不仅因为在纽约可以少受一些警察的干涉,更重要的原因,是公社失败,亡命客涌到伦敦以来,原来只负监督和指导责任的总会,发生了国会一样的辩论。这不是国际的好现象。恩格斯提议,迁移应以一年为度。他的提议,被采纳了。英国的工人阶级已经后退了。总会已经没有留在伦敦的必要了。

海牙的统治委员会,决定要对巴枯宁的阴谋和秘密组织,编辑一种备忘录。这种备忘录,因为主要是为拉丁系的国民写的,所以是用法文写。在备忘录的著作上,拉法格帮助了恩格斯。文名:《民主社会联盟国际工人协会》。一切足以为证的证据,都搜集了。恩格斯郑重地说,只有阴险的侦探,会像巴枯宁那样把强盗描写成为真正的俄国革命家,会对青年人宣传无智的宗教,会把革命和暗杀团体的行为视为同一。

文章虽然热烈而有力,但国际的大势,已由海牙大会前和大会中的情形证明,无能为力了。执行部移往纽约的目的,是维持国际的生存,但国际的生存终于不能维持。恩格斯不得不承认,在旧形态上,国际协会已经没有继续生存的可能了。八年前马克思走出书斋,指导实际的运动时,他是抱着很大的希望。恩格斯忧虑实际的任务,或不免妨碍理论工作——《资本论》的完成。住到伦敦来以后,他和马克思一起了。为要给马克思以完成理论工

第一部分 生平与事业

作的可能,他负担了实际工作的大部分。国际内部破裂以后,他越是觉得理论的研究重要了。他写给国际总书记梭格①(Sorge)的信表示他存有这样的希望:再过几年,只要马克思的著作一发生充分的影响,下一届国际就会纯粹成为马克思主义的国际。

———————————

① 注:今译"左尔格",下同。

 恩格斯传

二十　社会民主党的统一

德国已经统一了。但对于以战胜法国为统一基础的德意志帝国，恩格斯没有一点好感。他虽不轻视新帝国拥有武力，并且相信，在最近的将来，这种武力，除了由本国工人阶级意识的增长，是没有任何武力，可以将其摧毁，但他还是觉得，由征服而成立的德意志帝国是和因被征服而没落的法兰西帝国有相同的命运。统一帝国的选举，名义上是以普选为原则，但对于国家的措施，人民仍然不能有发言权，因为警察可以支配一切。实在的权利，仍然落在一个特别的官僚阶级手里。这个阶级似乎高立在其余一切阶级之上。而与其余一切人民相独立，虚伪的立宪政治，成了必然的。

但在这种情形下面，生产力是在突破突飞猛进中，所以，在他看来，俾斯麦虽然一千个不肯，他还不能不批准资产阶级的要求。一八七四年恩格斯写道："我们毕竟有我们自己的世界商业，有真正的大工业了，有真正的近代资产阶级了，所以我们也有了真正的投机失败，有了真正有力的无产阶级。和德国无产阶级的无声无气但时刻不停的发展相比较，斯庇雪尔，马土·拉·杜尔，和色当的炮声，在未来的历史家看来，将成为一八六九年至一八七四年间德国

第一部分 生平与事业

历史上更不重要得多的事情。"

这时候，李卜克内西和他的同志，已经和资产阶级的民主党脱离了。他们和倍倍尔，加上若干以前信奉拉塞尔主义的分子，创立了一个政党，在马克思恩格斯看来，可以说是真正的阶级政党。虽然在理论上，《埃森纳纲领①》还有若干点，不能叫他们满意。在恩格斯看来，拉塞尔、希淮塞尔纲领下的德国工人总联合会，是一种阻碍的力量。他常常要把这种势力扫除。但普法战争后，希淮塞尔从政界退休了。一八七四年初，俾斯麦又不断猛烈打击社会民主工人政党，并同样打击工人总联合会。于是，两派都感觉有讲求妥协的必要。历年的仇恨心，屡屡使这种妥协成为不可能。实在说，在大众心中社会主义仍然以拉塞尔的小册子为根据时，马克思恩格斯也是反对合并的。这情形下的合并，仍将然由拉塞尔主义支配。但李卜克内西却以为，"军事性质的党"，应当顾到事实，而不应太过注意理论上的差别。所以，不顾他们的反对，他还是努力，谋两派的统一。

一八七四年六月，拉塞尔派的总联合会被解放了。按马克思恩格斯的意思，社会主义工人党应等候几个月，使拉塞尔党的"已经没有组织的群众"，自动投进来。李卜克内西却以为，这全然是幻想。他断定，不对拉塞尔的旧政治要求为相当的让步，结合将成为不能的，他怕马克思、恩格斯出来反对，所以在以后数月间，没有把谈判的详情告诉他们。倍倍尔还在狱中。一切的线索，都操在李卜克内西手中。一直到一八七五年三月两方的磋商者想在哥达

---

① 今译"爱森纳赫纲领"，下同。

（Gotha）大会——两党的合并，就是由这次大会批准的——提付表决的纲领草案，才交给他们看到。他们真是动火了。

这个纲领草案，在他们看来，简直叫健全的社会主义无产者，拜倒在拉塞尔的偶像之前。他们希望，快要被释放的倍倍尔，会起来反对这个草案。因此，三月十八日恩格斯写了一封信给倍倍尔，列举各种理论的论据，来反对这个草案。五月五日马克思又对社会主义工人党领袖，提出他对于这个草案的批评。二者的内容，是全然一致的。

恩格斯把这个草案叫作"软弱的无臭味的纲领"。纲领内有这样一句："一个反动的集团，由一个并非无产者的阶级构成，而与无产阶级相对立。"他说，这种看法全然是"历史上错误的拉塞尔的口号"。他说，这个口号，只在一定的例外情形下，是真确的。他说，在资产阶级已经依照他们自己的映像来形成国家和社会的地方，这种口号才是正确的。其次，纲领又否认劳动阶级运动的国际主义原则，可以直接应用；它没有说到工会；它甚至把拉塞尔的公共救济计划，当作解决社会问题的唯一出发点。对于这些，恩格斯都加以批评。他说，像这样对拉塞尔党大让步所得的结果——纯民主主义要求——就在资产阶级的自由主义政纲内，也同样可以见到。最后，恩格斯声明，他和马克思虽然在海外，但必须对德国社会主义工人党的言行负责，如果这样一个纲领被采纳了，他们对新党是不能支持的。

倍倍尔看到了恩格斯的信么？至少他是没有作答。现在，我们又知道，马克思的批评，李卜克内西也没有送给倍倍尔看。

对于恩格斯的不客气的批评，李卜克内西一个月后才致答信。

第一部分 生平与事业

他不掩饰纲领的缺点,但解释说,他和同志们所以同意这个纲领,是因为拉塞尔党不让他们有第三条路;不是把纲领接受,就是谈判破裂。他对恩格斯担保说,两党的统一,不仅指示拉塞尔观念的死亡;那还指示了,马克思主义已经完全战胜拉塞尔主义。他还说,为确保胜利起见,他还准备为进一步的让步。倍倍尔出狱之后,也相信,渴求统一的群众,对于谈判所存的希望太切了;任何人,如其不要失却民心,都不敢有所苛求。

这样,恩格斯是失望了。他们的批评,完全被忽视了。李卜克内西虽然在理论范围内承认他和马克思的领导地位,但他觉得他们未免把实际看轻。倍倍尔在这时也还只是一个学习者。实在说,德国方面的领袖们虽然常常提到马克思主义,但都还没有仔细研究过《资本论》,他们至多只知道《宣言》,知道里面展开的阶级斗争学说,比拉塞尔工人纲领的展开地更彻底;党员大部分还把拉塞尔《工人纲领》当作社会主义教育的入门书。唯物史观学说,几乎没有人能够真正了解。他们都只知道马克思学说的片段。不能了解这个学说的连续的整体。说起马克思恩格斯的名字,大家都尊敬;但说到他们的见解,大家都认为太玄妙了,过于使用工人的头脑了。他们觉得,马克思主义不应完全把感情的要素除外。他们甚至觉得乌托邦的描写也不是要不得。当倍倍尔的《妇人与社会主义》这样一部通俗的书,居然会不胫而走时,恩格斯很痛苦地觉得了,工人群众还缺欠一种严格的教育。唯物史观的理论,必须用教科书的形式记述出来。

 恩格斯传

在统一的谈判中,有一个青年人,从柏林来,名叫倍伦斯泰因①(Eduard Bernstein)的,第一次露出他的头角。他是一个银行职员,是犹太种,一个司机工人的儿子。不过由道听途说,知道一点马克思恩格斯的见解。但他看到了这个事实;即,自拉塞尔主义湮没以来,政治领袖们还没有找到代替的理论,他偶然读到了柏林大学盲讲师杜林(Eugen Duhring)——实证主义者——的著作,就想把它捧来代替拉塞尔。他甚至把杜林的著作,送给当时还在狱中的两个最有力的行动家,倍倍尔和摩斯特(Most),要他们两个赞成他这个意思。

杜林摭拾了美国人卡乐勒(Carey)的学说的一点渖余,形成了他的乐观主义的实证哲学。他的《经济学批判史》,对于《资本论》没有说一句好话。他用自己的古怪的社会主义,来代替马克思的辩证法的共产主义,他的浅薄的空想的趣味以及视劳动问题为现世纪实在问题的态度,叫那些来受哲学训练的行动家,看了非常满意。他大胆视一切科学家思想家为敌,并由此博得了一般听众的喝彩。

杜林的影响,在这个刚刚成立不久的政党内,似乎意义在增大。连一些向来尊敬马克思的人物,也在受这位瞎先生的诱惑。倍倍尔就对倍伦斯泰因说:"如果东西真好,我是不珍惜一根稻草的。"摩斯特甚至叫起来:"如果有最好的东西,我们当然要用最好的东西。"在狱里,倍倍尔写了一篇文章。发表在《民主国》内,对于这位"新共产主义"大加赞美,甚至认杜林的经济学教程,是马克思《资本论》出版以后最好的一册经济学书。在当初,连李卜克内西也

---

① 今译"伯恩施坦",下同。

第一部分　生平与事业

不会不信任杜林,一八七四年六月十三日,他还写信问恩格斯说:"你有什么理由假定他只是一个骗子。或只是一个假装的敌人呢?"但他后来也知道了,杜林是一个自大狂。他发觉了,杜林的《经济学批判史》,曾用"妒忌的笨话"来反对马克思。他不能再容忍了,因此,他立即要求恩格斯写一篇论驳的文章。他说,杜林很迎合了一部分党员的心理,尤其是在柏林。一八七五年他再要求恩格斯起来反驳。恩格斯很不愿意反驳这样一个无聊的人,但李卜克内西送来了许多德国工人的信,证明党内正在发生一种空前的危机。"纲领有被浸水的危险"了,因此,他们不得不开始注意这个问题。一八七六年五月李卜克内西又寄来了一篇论文。文内盛称杜林在哲学上的成就,称扬他在认识论上的发明。那是摩斯特投来给《前进》的,但李卜克内西拒绝把它发表。八月党大会,有人起来责难,说他不应该阴谋对付杜林时,李卜克内西就答说,他已经请恩格斯写一篇论文来批驳杜林了。

恩格斯的反驳成了一本书,书的名称是:《杜林先生的科学革命》,和杜林先生自己的著作《卡勒先生的经济学革命》两相对照。在这本书内,马克思主义的内容和观点,第一次向德国社会民主党人表示出来了。它为马克思主义夺得了无数的工人,事实上还教育了好几代的工人。它第一次向下一代社会民主党的最清楚的头脑,系统地,阐述了马克思和恩格斯的见解,他们的辩证法唯物论。他教育了倍倍尔、倍伦斯泰因、考茨基、普列哈诺夫、阿克·尔洛特(Axelrcd)和阿德勒(Victcr Adler);教育了全世界的工人阶级。赖有它,马克思主义有了系统的说明;赖有它,世界上第一次有了真正的马克思主义学派。从表面看去,用这样长篇大论,去反驳一个

 恩格斯传

几乎没有读者的作家,好像是极无谓的,但一个难懂的一向不被人理解的体系,还是第一次。在七十年代,灌输到群众心中。现在,赖有它,群众第一次可以了解马克思的历史观了。它讨论了哲学、经济学、社会主义各方面。书立即在德国被查禁了。书的影响,没有在当时充分发挥。后来,他把书的导论和结论,及论述社会主义的部分,在瑞士,印成小册子的形态,除了《宣言》,在马克思恩格斯的著作中,就要算《社会主义由空想到科学的发展》这一册最有挑战性了。这个小册子,立即被译成了各种文字。随便在何处,它都做了必要的准备。使人们准备去接受他们的辩证法,唯物历史观以及他们由此引伸出的革命政策。

在《反杜林论》的序言中,恩格斯表示了他的忧愁:德国实现了它的统一帝国,取得了它的工业繁荣,但它的优越的理智地位是被牺牲了。国家的精神生活被毁灭了。杜林不过是新的庸俗的"假科学"的一个标本。恩格斯最先看见了,物质财富会带来资产阶级之精神的贫乏。杜林先生虽然要使德国的社会主义转向"最无意义的地方",但这种尝试注定要在健全的工人意识下破裂。十年后,他再在他的《费尔巴哈论》中表示了相同的思想。他说:"德国的科学纯一性的传统,只能在工人中间寻得了。因为在工人中间,没有一个人会为职业,利润,或者宠幸而烦忧。反之,科学越是自由发展,它和工人的利益和目标将越是调和。……古典哲学的外套,已经落到德国工人阶级运动上面来了。"

第一部分　生平与事业

二十一　社会主义取缔法

在伦敦，他是和丽子同居的。一八七七年九月以后，丽子的健康使他常常焦忧。一八七八年，他第二次悼亡了。十四年后，他在写给倍倍尔夫人（Julie Bebel）的信上提到她，曾经说道："她出身真正的爱尔兰无产者家族，她天生就对于她的阶级怀着热烈的情感，她虽然没有资产阶级女子的女学士派的风韵，但她的这种感情，就够叫我满意了。"恩格斯关于婚姻的见解，后来解说在"家族的起源"中。他的信仰和感情，都使他不能忍受国家和教育对于他的最密切的人类关系的干涉。但为要给丽子一个最后的快乐，他在她病榻上，和她举行了婚礼。他在五十九岁头上失去了她。她的死，当然是他私生活的一个转捩。但摆在他面前的工作有这样多，他能因伴侣的失却而忧郁下去么？

但取缔社会主义的法律在德国通过时，恩格斯没有立即予以无条件的援助。这种冷淡心理，如果我们不记着当时德国党方面的情形，就好像难于说明了。我们必须记着，他只要想到他和马克思对于《哥达纲领》所加的批评，居然会被党诸领袖忽视，他对于杜林的攻击又居然会在一次党大会内被指责，他就心里觉得愤怒。

 恩格斯传

关于社会主义取缔法,他虽然老早就觉得,俾斯麦的这个政策目的确在打击党,结果却只于党有利——他说到"我们就把钱送给这个老头子,他也不能替我们做比这还好的工作",又说:"过去七年间,俾斯麦先生已经替我们做了许多事情,好像我们曾经付过钱给他们。现在,好像他停不下手来一样,一定要把社会主义的实现加速起来。'等我过去以后再发洪水吧',这个格言,对于他,是不够的;他一定要在他活着的时候发洪水。"但党方面的情形,实在也叫他寒心。马克思和他常常觉得,他们必须使德国的工人阶级运动,在一切情形下,皆以阶级斗争为指导原理。但在党内,有几个党员,懂得这个原理又忠于这个原理呢?他们大多数没有理论的训练,以为在新的境遇中,党的适当政策,是放弃阶级斗争的外观,而在资产阶级民主派内寻找支持点。多数人的"无背骨"的态度,使恩格斯对于党不能信任。

在取缔社会主义法依然有效时,党的活动自不得不为相当的自动的约束。但党内一个小的部分,例如约翰·摩斯特,却决定要在这情况下,发泄自己的愤怒。他责备党诸领袖,因为他们决心要保持党的合法地位。他不事先与党内任何另一个领袖商量,便移居到伦敦,创办了一个报纸,要求在德国境内,进行不合法的宣传。报纸定名为《自由》。它残忍地把社会民主党内部的争端暴露了。报纸的革命情调,最初,尚不怎样惹起恩格斯的厌恶。对于摩斯特的主张,他暂时采取保留的态度。但报纸的无政府主义倾向,不久就发生了。所以恩格斯知道摩斯特被党开除时,他也没有提出反对。

第一部分　生平与事业

　　党不许在德国境内发行报纸以来，新的党机关报纸，移到苏黎支①去了。恩格斯不肯投稿到党报上来，他恐怕，报纸已经由小资产阶级民主派的分子控制。倍倍尔虽然屡次说明，他的流利的笔，对于党是一种最有价值的工具，只要他出马，党报的主张就要受他感动，而与他的主张渐渐符合，但最后他的答信时："你和李卜克内西都知道。我所要求于党的唯一事情，是让我有安定的生活，来完成我的科学工作。你知道，十六年来不管怎样，我还是不断被要求去为党报写文章——我这样做了，我应李卜克内西的请求，写了许多连续性的论文，许多小册子。你也知道，党一日存在，我和马克思总会自动在国外，为保护党，而对抗党的反对者。我们所要求于党的唯一的事情，是党应该忠于党自身。"往下，他还说他和马克思每次看见党在德国获得胜利，总是高兴的，因为这种胜利在一定的程度内常常是依赖着马克思主义的理论。但就为了这个缘故，所以在他们看来，党的实际行为，尤其是党诸领袖的公开言论，应力求与马克思主义的一般理论相调和。

　　一八八〇年圣诞节，倍倍尔和倍伦斯泰因到伦敦，要亲聆恩格斯的指导。恩格斯和倍倍尔还是第一次会面。恩格斯很喜欢他的这位朋友和弟子，因为他有机警的感觉和清楚的脑袋。他完全信任了这个新朋友。一度为杜林辩护的倍伦斯泰因，也由《反杜林论》的感化，也转过来了，成为恩格斯的弟子，所以恩格斯对他也很高兴去教诲。得到他的同意，倍伦斯泰因被派到苏黎支暂时负起编辑党报的责任。后来证明他胜任工作时，恩格斯要求正式委派他去充任

---

①　今译"苏黎世"，下同。

 恩格斯传

这个职务。

倍倍尔到伦敦来谈话中最重要的一点，是那正在欧洲大多数国家特别是在德国闹得很凶的经济恐慌。倍倍尔以为，恐慌会像一种痼疾一样拖下去，一直到总破局，于是社会革命发生。但恩格斯以为，自英国被迫与美法德平分工业的独占权，关税壁垒已经在美洲和欧洲各处树立起来。恐慌的节奏已经改变了。资本主义的经济体系和社会主义体系虽必然归于瓦解，但他看到了，在目前，仍有长的或短的繁荣期间会发生。他看来，充分大的水泡已经不会发生了。他虽一度相信，十年间会发生一次大破局，但现在他觉得这已经是过去的事情：自此以后，恐慌将会以更短的期间反复发生——这是资本主义生产方法已经完全枯竭的一个证据。关于恐慌在德国的政治影响，他是和倍倍尔一致，承认社会民治党的发展，将因此加速。

社会主义取缔法下第一届的国会选举，表示党在农村和小市镇原有的选民失去了一些，大都市的选民却是增加了。党的"元气未曾大受损伤"，由此获得了一个明证。这一点，是马克思夫人所能享受的最后一点快乐。一八八一年十二月二日她逝世了。她逝世后恩格斯在党报上发表的哀启，说到了这一点。这个时候，马克思自己也常在病中，他不过比他的勇敢的妻，多活了十五个月罢了。在这十五个月中，他的不良的精神，使他多时不能在伦敦居住。因此，他和恩格斯又只能用通信来代替谈话。一八八二年秋间，马克思一度回到他的伤心的家里来，住了几个星期，并几度和恩格斯一同爬上汉蒲斯台的高处，他们以前是常常散步到那里去的。恩格斯知道，医生的本领可以使马克思的生命延长几年，但马克思忍受不了那种

第一部分　生平与事业

痛苦。马克思逝世后翌日恩格斯写给梭格的信中说："在他面前，有这样多的未完工作，他渴望完成它，但没有力量完成它，——这一点所给予他的痛苦，比死所给予他的痛苦，不知要大几千倍。他常常像伊壁鸠鲁一样说'死对于死者不是不幸，但对于生者是不幸'。看看这位天才活着像一个半死的躯壳，让医生来夸耀他们的本领，让那些俗人，在他精富力强时被他打击到底的俗人，来倾注他们的嘲笑，那真是宁可像这样好，真是宁可像这样好。从今天起，再过两天，我们就要把他安在墓里，让他和他的夫人永远共眠在一处了。"

好几年前，恩格斯已经觉得他的伟大的同志在开始变得衰老了。他怕《资本论》的统计会在全书出版之前成为过时的，从而把它们的证明力量丧失，所以，总催促马克思赶快继续工作，并把它完成。但马克思一天一天老下去。他觉得力不从心了。恩格斯的烈性的热心，或不免使他感到烦恼，所以他一直没有把《资本论》完成的程度告诉恩格斯。他逝世后，倍倍尔问到这点时，恩格斯答道："这不算什么，不过因为，如果我知道了，我就会日夜催促他，要他把全书完成出版。"马克思明了了一切，所以告诉他的女儿说，万一的事情万一发生时，恩格斯可以依照他选定的任何方法，去刊行这个草稿。

另两个老朋友倍克尔和李卜克内西，和社会民主党报编辑倍伦斯泰因那里，马克思逝世的消息，也是由恩格斯通知的。在给倍伦尔报丧的信中，他写道："我们党内最伟大的一个精神已经停止思想了，我们知道的最强的一个心脏已经停止跳动了。"在给倍伦斯泰因报丧的信里，他写道："所有那些常常和他在一起的人，都能够知

 恩格斯传

道，在理论范围内，他对于我们究竟有怎样大的价值，都能够知道在必须有重大的决定时，他又在实践范围内，对于我们看怎样大的价值。从此以后，他的有力的眼光，要和他一同埋到地下去了。"在亡命期中，李卜克内西和马克思的家庭是特别亲近的。对于他，恩格斯写道："昨天晚上，我虽然看见他睡在床上，闭着眼，死去了，但我相信，这个光辉的精神从此以后，对于东西两半球的无产阶级运动，仍然会用他的有力的思想，来丰富它的内容。我们会成为现在这样，是因为有他；运动会成为现在这样，也是因为有他的理论上和实践上的活动。如果没有他，我们依然会陷在混乱的泥沼中。"

恩格斯用英语致葬辞时，说明了马克思对于人类，对于世界的无产阶级，做了什么事情，他说："达尔文发现了有机自然界的进化法则，马克思发现了人类历史的进化法则。马克思还发现了，现代资本主义生产方法以及这种生产方法所创造的资产阶级社会，是受一些什么特殊的法则支配。……理论科学上的新发现，其实际应用在今日也许还是全然不能看见的，他固然以大的乐趣去欢迎，但因这种发现，会在产业及一般历史过程中，包含一种直接的革命的变化，所以他又体会到了别样一种乐趣。……他的生命的任务，是依其方法，推翻资本主义社会和这种社会所引起的政治形态，从而，解放现代的无产阶级，就是他，最先一个叫他们意识到他们自己的地位，意识到他们自己的需要，意识到在什么条件下他们才能得到自由。斗争是他的天性。他以这样的热情，这样的毅力来斗争，并获得了这样的成功，那是少有其数的。——所以，马克思成了他那个时代最被怨恨最被中伤的一个人。政府无论是专制的，还是共和的，都把他驱逐出境。资产阶级无论是保守派还是十足的民主派，

第一部分 生平与事业

都争先恐后,把谗言堆集到他身上来。这一切,都被他摔在一边,把它们当作蜘蛛网一样的东西,不理会它们,只在必要时加以反驳。现在他死了——爱他的,敬他的,悼他的,有几百万革命的工人同志,一片哀声,从西伯利亚的矿山,到加利福尼亚,在欧洲美洲的一切地点,他的名字,他的著作,将成为万古不磨灭的。"

恩格斯自己表示了,在他能力所及的限度内,他一定要把他朋友的科学工作和政治工作保存并继续下去。为要完成这些更重要的工作,他不声不响地,把他自己的已经开始的工作抛在一边,他知道,除了他,没有第二个人能够编辑马克思的遗稿。马克思已经把《资本论》第二卷整理到这个地步,所以,一八八五年恩格斯已经能在著者的生日那一天,着手写他的序言,但他发现第三卷只有一个"极不完全的初稿留下来"。同时,随着运动的发展,他在报纸和政党两方面所必须负担的责任又更重了。他已经开始衰老了。但他还能在他逝世前一年,将第三卷出版。他着手整理第三卷时,他以为,那会比第二卷的整理,更容易完成。但越是继续下去,他越是看见著者的精力的衰颓,越是觉得自己的责任的重大了。

 恩格斯传

二十二　俾斯麦与社会主义运动

马克思去世后，恩格斯诸知友劝他迁到苏黎支住。但恩格斯以为，伦敦的环境最适于他的研究工作。实在的，他在英国虽然住了几十年，但真正算得上朋友的，非常的少。英国人对于他没有好感。但也正因为这样，他留在伦敦，才更可以安心进行他的理论研究。他知道，理论范围内还有许多工作要他做，并且这些工作，除了他，还是没有第二个人可以代替马克思的。他说："我现在六十二岁了，但手头还有许多工作要做。《资本论》第二卷还须有一年的时间，才能够编辑好，其次我想写一册《马克思》传，一册德国社会主义运动史（包括一八四年至一八六三年），一册国际史（包括一八六四年至一八七二年）。所以，如果我放弃了这里的安静的和平生活，迁到另一个地方，要开会，要开座谈会，从而把我的明察的视线扰乱，我就真是发疯了。如果情形真再像一八四八年和一八四九年，只要需要，我会立即骑上马背。但现在简直是一种刻板工作，所以在可能范围内，我不能不从党报退出。想想吧，要我答复的信有多少吧，以前，那是我和马克思共同负担的；过去一年间，那要由我一个人负担了。那些由各国通到马克思书斋内的线，我希望，将来不致割

第一部分 生平与事业

断才好。"

这时候,俾斯麦正在实施国家保险政策。许多无产者看见由此得到的物质利益,竟忘却他们的仇恨。党内部的冲突更尖锐化了。俾斯麦在实施国家保险制度时,虽要求资产阶极为钱财上的牺牲,但安慰他们说,这种制度实际是对于革命的一种保险。德国经济学教授称赞这种新的国家保险制度,认为是世界史上一个转点。社会民主党内也有许多党员,认为这是一个希望的记号,甚至有人觉得,俾斯麦准备认真履行他对拉塞尔的诺言,并建立一个"民意的霍恩佐勒伦朝的君主政治"。恩格斯看到国家社会主义的新潮(这其实是一种复活的拉塞尔主义)居然会成为党内一种威胁,是非常动怒的。他立即要党报发表几篇论文,向工人说明,政府方面的这种社会主义,不过是一种借口,由此,政府就可以在他们所统率的兵士和官吏的队伍之外,再组织一个有训练的工人队伍。这是真正的拉塞尔主义的复活。

在社会主义取缔法下举行的第二次党大会,是一八八三年在哥本哈根举行的。那一次大会通过的某一些决议案,得到了恩格斯的充分的认可。在取缔法依然有效时,他是不希望党内部分裂的。但李卜克内西"调和、文饰、延缓危机"的态度,恩格斯却不能赞成,这些年来,党内发生了许多的纠纷。大概说来,党内部有一个根本问题存在着。倍倍尔相信革命不久就会发生,布洛士(Blhss)、奥尔(Auar)却相信革命不致在不远的时候发生。倍倍尔在写给恩格斯的信里道破了这一点:"相信社会革命至少要等一世纪才会爆发的人,和一个相信社会革命在不久的将来就会发生的人,可以在行动上发生差别。"

 恩格斯传

在恩格斯看来,革命会立即在德国发生么?自俾斯麦第一次胜利以来,他对于"这个东西"的佩服念头,一直没有增加。"这个东西的观念是这样不合理的,他的行为是这样善变的。"在他看来,和拿破仑三世相比较,俾斯麦有更强的意志,但只有更狭小的见解。那位法国人至少尚有"拿破仑的理想",这位普鲁士人却从来没有独立的政治观念。他的目标是资产阶级指示给他的;他的道路,是路易·拿破仑指示给他的。他全然不懂得理论;对于他自己所造成的历史条件,他也全然不能了解。他的意志力,使他成为德国资产阶级的暴君。资产阶级知道这一点,但仍不得不拥戴他。只有德国工人的意志,不会为他的意志所摇动,虽然他的意志是这样强的。这些意见,包括在一篇未曾写完的论文内。但这篇论文曾经留下一个大纲,里面包含着这样的项目:"俾斯麦全然变成贵族了",《波巴拿式的社会政策》,《虚伪的社会改良》,此外有几句铭语体的话:"结论:(a)一种情形,那会随着某一些人的死亡的崩溃——没有一个没有皇帝的帝国,无产阶级会向着革命的目标猛进,社会主义取缔法取消后,社会民主党将有空前的繁荣——混乱;(b)如果情形好,全部的结果会是一个比战争还坏的和平,不然就是世界大战。"

关于德国未来革命的性质和路径,他在一八八三年六月写给倍伦斯泰因的信里曾经说道:"我们如果要前进,至少要由内部事情和外部事情的变化,把资产阶级一部分推进到真正的革命运动上来。所以俾斯麦的政治对于我们已经很够了,他现今只能由一次冲突或辞职来帮助我们了。"两个月后,他又说:"在德国,革命的最早的直接的结果,必须采取资产阶级共和国的形态,但这只能是一个短

第一部分　生平与事业

的过渡的阶段，因为我们幸而没有一个纯粹的共和主义的资产阶级政党。资产阶级共和国——也许要以进步党为领袖——将给予机会，使劳动阶级大众转而相信革命的社会主义，并使各种中间党，有机会证明他们是徒劳无功的，或竟自杀。必须经过这个时期，我们才能够居主动地位。"

他看到了社会民主运动的传布，已经削弱军队对于皇帝的效忠心理。他以为，普鲁士军队的变质，对于德国革命，是一个不可少的支点。一八八四年十二月他写信给倍倍尔说："一个武装的群众，去和一个现代军队拼命，从军事的意义说，只是一个负量。但若我们的后备兵（二十岁至二十五岁的男子，他们是有训练的兵士，但没有选举权）站在革命方面，纯粹民主主义的时期，就可以跳过了。"一个月前，他已经对倍倍尔解释："在军事状况像现今这样时，我们切不可开始攻击；这样，我们将会有一种武装的力量和我们反对。我们要等到武装力量不再与我们反对的时候。在情形如此以前，任何革命就会是成功的革命，也不会把权力交给我们，只会把权利交给资产阶级的最激进派，即小资产阶级。"

在未来的革命中，恩格斯以为，资产阶级会临时撤回他们的自由主张，但在俾斯麦的半封建统治下，他们绝不能这样做。所以，如果情形需要，恩格斯还准备与真正的资产阶级政党联合，把社会主义取缔法取消，把保护关税废止，把断分法及其他各种封建性规定废除。他说："手段是不成问题的，但永远的判断基础，是社会民主党在任何情形下不能抛弃无产阶级意识。"

一八八七年二月俾斯麦获得了最后的一次选举胜利，一八八八年一月七日，恩格斯写信给梭格说，一切都进行得太妥当了，只

 恩格斯传

要威廉一世逝世，情形就会陷于混乱中。第二天他写信给李卜克内西也说："现在不要战争，也不要暴动了，一切的进行都太妥当了。"八月，他又写信给梭格说，威廉二世和俾斯麦的冲突，已经迫在眉睫了。一八八九年二月他说："反动的团体，宫廷中的牧师和贵族，正竭力要把皇帝挑拨起来反对俾斯麦，并引起冲突。"一八九〇年二月他告诉倍倍尔说，威廉二世好像是特别创造出来，为要把德国表面上安定的局面破坏的。"但我们不能猜想到，他居然会这样快捷这样完美地替我们把这一切都做好。对于我们，这个人的价值，用黄金计算，会和他的躯壳一样重。他用不着担心有人会暗杀他；把他刺死，不但犯了杀人罪，并且犯了不可救药的错误。如果必要，我们应当给他一个保镖，来防范政府党徒的愚行。"

一八八八年八月《社会民主党报》在柏林的压迫下，由瑞士被驱逐了。它不得不移到伦敦来。这个报纸从此就在恩格斯的监督下，由倍伦斯泰因编辑了。关于国际政治问题，报纸还直接在恩格斯的领导下。

一八九〇年一月社会民主党在选举上获得了大的胜利。二月，党报出了一个特刊庆祝。恩格斯说，现在没有什么可以帮助俾斯麦了，除非他用粗暴的手段引起暴动，然后再用加倍粗暴的手段来弹压。"这是他所有的唯一的手段——并且我们知道，俾斯麦这种人是为目的而不择手段的。"党不可盲动。但"事情决不会如此的。社会主义取缔法把我们的工人训练得太好了，并且在我们的朋辈中有许多老兵可以应付这个——有许多人已经训练好了，可以在弹雨中注意地立着，以等候攻击开始的时间。"

第一部分　生平与事业

俾斯麦倒台之速，处于一般人意料之外。青年皇帝以为，社会主义取缔法已经没有需要：一八九〇年十月这个法令被撤销了。这对于德国，对于德国的工人运动，是一个新历史时期的开始。

 恩格斯传

二十三　各国的社会主义运动

　　自迁到美国以来,第一国际的情形,迄无转好的希望。不生不死的局面,使负责人梭格觉得厌倦。一八七六年他宣布会期无限延期。恩格斯相信,第一国际已经完尽它的使命,已经走上死亡的路了。不过,它的传统,还由一个在纽约发行的报纸维持着。报名《劳动标准》由爱尔兰代表麦克丹内尔（MacDonnell）编辑。

　　在这个报纸上,恩格斯曾写一些连续性的论文,名叫《一八七七年欧洲的劳动阶级》,在其内,他描写欧洲劳动阶级的运动,说它"不仅在有利的进步中,并且在迅速的进步中"。现在,整个的运动是浸润在一个精神里面了,现在我们再有了一致的和谐,在各国的工人间,已经有不断的规则的联络了,他还说:"在一八六四年设立国际工人协会并在会内外与敌人斗争,始终拥护这一面旗帜,以致在政治的压迫下,但不是在自己的错误下,陷于失败而不得在表面上退休的人们,现在可以骄傲地断言,国际已经把它的工作完成了。已经把它的大目标实现了——那就是,全世界无产阶级已经在压迫者的压迫下统一起来。"

　　国际虽然死亡了,但无产阶级的运动是分头在各国进行。当然,

第一部分　生平与事业

各民族的状况的差异,决定各国工人阶级政党的注意点。要他们走上一条路线,不但是困难的,甚至于是不可能的。所以,一八七六年底,倍克尔在日内瓦提议把国际当作各国的政党的联合来复活时,恩格斯就表示反对。他以为,欧洲的劳动阶级运动,只有在某种足以影响全欧的事情发生的情形下,可能结合在一个主要中心的周围。但这样的事情,一直还没有发生出来。

在马克思还在的时候,恩格斯已经觉得,他和马克思的任务,是就国际政治的进行和全世界生产的发展,来考察运动的发展。他们不能属于任一国的政党,而当顾及一切国家的情形。马克思去世前不久,恩格斯把这点告诉了倍伦斯泰因:"马克思在理论和实践的范围内已经有这样的成就,所以各国劳动阶级运动的领袖人物是完全信任他。在紧急的时期,他们来向他请教,他们通常总觉得他的意见是最好的。他在德法俄诸国已经有了这样的地位,在另一些小国,是不必说了。"他还说:"在值得并且有机会时,我们总和他们保持不断的接触。但违反他们的意志去影响他们,那只会伤害我们,甚至把我们已经在国际内部得到的信任心破坏。我们对于这点,已经在革命中,得到太多的经验了。"

在实际问题上,恩格斯对于各国工人阶级的运动,总是采取保留态度,他从来不把他的意见强迫他们接受,不过在被请求时会提出他的意见。他觉得,他的特别任务,是在马克思主义有人信从的地方,保持理论的纯洁性,并在可能时把理论传布开来,他认为,他的使命是视察全世界劳动运动的进展,而在被询问时,根据他和马克思所有的广泛的经验,来提供指示和意见。他在给予指示时,他的最后目标,是使全世界的劳动阶级运动接受马克思主义和他所

主张的理论,目标,和方法。他以为,只有以阶级斗争为基本原则而组成的工人政党,可以克服阶级的对立。他屡次被询问时,他总发觉,所提出的问题,有不同的性质。在处理这种种问题时,他只有一个决定的指导原则,那就是他的历史观。

在德国,拉塞尔的势力,经过他们的极奋勉的斗争,还是不能完全排除去。但在德国,至少还有一个党;明白表示他们原意根据马克思主义的理论来工作。在另一些国家,情形就更坏了。

拿法国来说,蒲鲁东、巴枯宁、路易布朗的势力就弥漫着。巴黎公社虽然把法国的"折衷的街头的社会主义"杀死了,但情形依旧不能乐观。那里有许多硬化了的事情,使他的革命热情不易忍受。

在法国这个时候,最热心而又最成功的一个战士是格德①(Jùles Guesde)。他以前曾经是巴枯宁主义者。马克思恩格斯没有直接和他通信;因为他的助手拉法格(马克思的女婿),可以把他们的理论,间接影响于他。但他后来也亲身来向他们领教了;他已经可以依照马克思主义的模型来为第一个法国的工人政党起草一个纲领。会议是在恩格斯的书斋内举行,这是一次重要的会议。他们两个还是第一次有机会可以对法国无产阶级的思想,发生直接的影响。新党在工业区域得到了主要的支点。在巴黎,则"可能派"(Possibilities)仍然有势力。

马克思去世后,恩格斯曾经由两方面去影响法国的工人运动。一方面,他要调解法国的社会民主党和德国的社会民主党,冀由此

---

① 今译"盖得",下同。

第一部分　生平与事业

使战争可以避免，但这是以后的问题。另一方面，他又鼓励在法国建立一个同样强同样统一的社会民主党。一八九三年在法国第一次有了许多社会主义者当选为国会议员，但其中只有少数赞成那在利坚公园路起草的纲领。大多数是属于犹太的社会主义团体，他们宣称他们的原则没有可能归成一个公式。恩格斯曾批评他们，说他们对于社会主义只有一种柏拉图的爱。米勒兰（Millerand）是他们当中最乖巧的人物之一，但资产阶级的法律成见，在他，是难于扫除的。约雷斯（Jaurcs）是一个即兴演说的大学教授，他有更深的资产阶级意识，不过后来恩格斯也觉得他已经很有进步，并可能会发展成为一个正规的社会主义者。他去世的那年，还在信上对普列哈诺夫说："约雷斯已经走上了正路。他正在学习马克思主义。我们不要催促他过甚。他已经有了很大的进步——那就超过我的希望了。无论如何，我们不要太过责备求全。党是太大了，马克思的理论是太广布了，西欧诸国少数几个孤立的幻想家，不能作多大的损害。"

再说到英国。他住在英国，对于英国无产阶级的发展，五十年来，也无时不以深切的注意去注视，但他和英国的运动，自英国诸领袖退出国际以来，一直没有密切关系。在英国，真正可以算作朋友的，只有《资本论》的译者摩亚①（Samuel Moore）——一个制造业者，失败后，到尼格里亚担任过首席推事的职务——和爱威灵（Edward Aveling）而已。一八七九年他写信给倍伦斯泰因说："像大陆那样的劳动阶级运动，英国还是没有的。"

几年前，哈尔内曾经提出一笔钱，要恩格斯和马克思写一部书，

---

① 今译"穆尔"，下同。

 恩格斯传

对英国的无产阶级,系统地说明他们的学说;但对于这个观念,恩格斯没有多大的信心。一八八一年,工会主义者希普吞(Shipton),创办了一个周刊,定名为《劳动标准》,赞成在英国把工人的独立政治运动复活起来。恩格斯投了一些论文来,盛称工会在保证生活标准并减少劳动时间这两点上面有莫大的功绩,但责备他们,说他们没有做种种工作,来使劳动阶级成为生产手段的主人,来废除工资劳动制度,并且说他们没有用政治的武器来与资本主义斗争。他说,与欧洲其他各国比较,英国的劳动阶级有组织得更好的工会,他们不应在政治行动上这样远落在大陆方面之后。无产阶级到处都在争取政权——除了英国;实则,完全的民主主义,在英国,最容易使劳动阶级居上最优越的位置。在一节评论"反唯物条例同盟"的工资学说的论文内,恩格斯对工人说明了,在自由党营垒中工人们所信任的人物所以赞成自由贸易,不过因为他们要减低英国面包的价格,从而使英国的产业,在世界市场上,成为一个更强的竞争者。五个月间,他试要用大宪章主义和《宣言》的精神,来感化英国的工人,但结局他把这种努力放弃了,因为由此发生的唯一反应,连编辑人也被大陆的异端邪说吓倒了。恩格斯很颓唐地写信给马克思说:"英国的工人不会向前进;只有事实,即英国工业独占权的丧失,可以摇动他们了。"

在这种失望之后,恩格斯相信英国的工人阶级在英国丧失其世界商业独占权以前,绝不会做成任何以阶级斗争为基础的政党了。但他以为,英国的世界商业独占权,早已受到最重的打击。他在他自己的和马克思的著作的英译本序文内,在报纸论文和私人通信内,曾反复把这个问题提起。他特别看重这个事实:即自由贸

第一部分 生平与事业

易学说的基础观念,是英国为世界的工业中心,而以农业为主的世界则以谷物棉花不断供给予它。不过,英国的工业独占权,和欧洲另一些文明国家的发展,是不能相容的,这一些国家,如不甘陷于爱尔兰的地位,也是需要工业化的。美国的商业政策也表示美国正决心要脱离英国产业独占权的束缚。他相信,美国将来必然会成为世界工业的中心。当然英国的资产阶级,在丧失其独占权之后,还会残存着一个时期:威尼斯人和荷兰人,在其商业已经衰落以后许久,还保存着他们的世界银行业者的地位,但英国现在的产业制度,只在生产迅速不断扩展时有维护下去的可能。终有一天,失业者(其人数是一年比一年加多)将不能忍受,而自己起来决定自己的命运。马克思曾经预言,在欧洲,也许只有英国的社会革命,可以由和平的合法的手段来实行。在《资本论》英译本第一版的序言中,恩格斯特别注意了这一点,但他加上了一句:"当然,他绝没有忘记加上一句,英国的支配阶级,不经过护奴的叛变决不会甘心屈服在这种和平的合法的革命之前。"

但大约就在马克思去世前后,社会主义的呼声在英国是更普遍了。组织一个独立工党的运动也在增长中。这个运动是由奥德曼①(Henry Hyndmann)领导的。恩格斯承认奥德曼有一点机警的干才,但他的傲慢的野心,他们急于为独裁者的火性,很使恩格斯不高兴。

奥德曼全然不了解唯物史观,但受了《资本论》的影响。在马克思晚年,奥德曼常常去访问他,但他也高兴他的为人,那时及以

---

① 今译"海德门",下同。

 恩格斯传

后,恩格斯总不愿意和他会面,并称他为"拉塞尔的可怜的讽刺书"。奥德曼听了很生气,也给他一个绰号:"住在利坚公园路的条顿族大喇叭"。他曾设诡计,想离间马克思和恩格斯的友谊。他虽曾在《全民英国》一书随意借用马克思的意见,但始终没有引出他的名字。

在恩格斯看来,真正的政治劳动运动要在英国发生,奥德曼的社会民主联合会是必须先"毙命"的,从这个联合会,有一个"社会主义联盟"分出来。恩格斯虽承认摩理斯①(William Morris)的诚意,但他没有和这个联盟接近,这个联盟后来也染上了无政府主义色彩了,同样,在原则上,他也和旁边协会(Fabian Society)疏远,因为那是反对阶级斗争的。在协会的会员中,他最看重安尼·贝荪(Annie Besant),他觉得,在协会的一切出版物中,要算她的一些小册子最有影响,一八八六年庇斯(Pease)约他写一个小册子,来解释社会主义的意义时,他拒绝了。他觉得,巨大的劳动阶级,是不能由几个"说教人"来推动的。九十年代,倍伦斯泰因与西德内·韦布(sidney Webb)、萧·伯纳(Bernard Shaw)、格拉罕·沃拉斯(Graham Wallas)亲近时,恩格斯很责备他。

一八八五年的选举,奥德曼失败了。但一八八六年的经济恐慌,使劳动阶级不能再置信于自由贸易的福音,奥德曼利用这个机会,在特拉法加场组织了一个大示威运动。领头工人拥护保护税制的大会在同一地点被召集了。两方面发生了冲突。市内商店有些遭失业工人劫抢了,恩格斯指责了这件事的恶影响,但说这件事将是自由

---

① 今译"莫里斯",下同。

第一部分 生平与事业

党人不得不承认缺乏和贫困的存在。他责备领导者们说:"这些社会主义绅士,要由巨力,在一晚之间把一个运动咒出来——其实,这在任何地方都是多年积累的工作。"

可是这一年恩格斯在英国也看到了"真正的社会主义工人运动"的痕迹。旧的不赞成政治行动的工会一旦破裂了,无产阶级中,那最贫穷的部分,就会卷入社会主义的运动中。奥德曼的最激烈的反对者爱威灵,马克思的幼女爱灵娜的丈夫,在一八八七年,在伦敦东区,发动了一个有力的斗争。他们在伦敦东区组织了瓦斯工人和不熟练工人的工会,而与"劳动贵族"的旧工会相反。一八八九年这个工会发动了一次码头工人大罢工。

一八九〇年,伦敦第一次举行五月节的示威运动,他在一个大货车的篷顶,看见无数热烈的群众在要求行动。他才相信真正的社会主义运动已经在英国开始了。在长久的睡眠之后,英国的无产阶级终于起来了。他说:"大宪章主义的孙辈,已经开上火线了。"

哈第(Keir Haadie)已经开始(起初是在苏格兰,后来又在英格兰)活动来创造一个独立工党。恩格斯也许事先知道了这个计划,但他决计等着,看看运动的结果。他劝德国的社会民主党在未有进一步的证据以前,不要把它当作"唯一的真正的独立工党"。马克思的理论,是由英国社会的历史长成的,但英国人不像德国人一样爱理论,新的工党仍旧有工会主义的作风,他的党员也不知目标何在。恩格斯以为,他们必须由他们自己的经验,由他们自己的错误的结果,去学习。现在他们已经知道,资本和劳动的利益不是调和的。他以为,在英国,"自意识的过程"是比较迟缓的,但他相信,对于盎格罗·萨克逊人,这是适当的路。忍耐是必要的。

 恩格斯传

美国的盎格罗·萨克逊人还更有这种情形。他以为,在美国,"真正的运动"不能由拉塞尔的信徒也不能由倍倍尔的信徒创造出来。一八九〇年他已经对留特(Schluter)说道:"美国的工人阶级像英国的工人阶级一样会起来,但他们必须走他们自己的路。我们不能把理论挤进他们喉咙里,但在理论之前,他们会由他们自己的经验,他们自己的错误及错误的结果而被推进。这样,就得了。独立的民族会走他们自己的路;英国人和他们的同族,是一切民族中最独立的民族。"他以为,本地工人会对外来工人持贵族态度,不能不说是新世界工人运动发展上一个特别的障碍;但他知道,因为这个青年国家一开始就立在资产阶级的原理上,所以,在这个青年国家,工人阶级会自始就染上资产阶级的偏见,乃是必然的。

他对于美国寄予了莫大的希望。他相信,停滞的局面将会停止,所以,在美国,全民族的社会主义运动必将以大足步前进。他说:"美国是以纯资产阶级的原则为根据,绝无前资产阶级社会的废物留在身体内,它还以巨大的能力向前发展,——这种能力,甚至在他们的保护关税制度上面,也表示出来了,有一天,这种能力和这些原则,将会产生一种使全世界惊异的变化。他们一经开始,一经用他们所有能力和气魄开始,我们欧洲人就会像小孩子一样觉得无能了。"美国人在世界史上所负的任务,他是从来不轻视的。

在意大利,也依照德国的模型,建立了一个小的社会主义团体。在八十年代后几年,意大利已经有少数知识分子,开始翻译马克思和恩格斯的著作,想把他们的学说普及起来;他们的热心的工作,取得了很大的报酬。一八九一年第一个马克思主义的报纸——《社

会批评》——在米兰创立了。恩格斯曾投稿到这个刊物上来。他还对该党的领袖杜拉第①（Turati）在各种重要问题上提供意见。罗马大学教授拉布里奥拉（Antonio Labriola），亦常与他通信，讨论历史观的各种问题。

一八八八年底，奥地利也依照德国的模型，建立了一个社会民主党，党内最主要的人物是维克多·阿德勒（Victor Aaler），他原来是一个医生。一八八三年，他首次与恩格斯会晤。一八八九年他再去访问他。在《工党选民》（由约翰·白恩士，克·哈第，和汤曼共负编辑责任）内，恩格斯对于阿德勒的能力和毅力曾大加赞扬，他们间的关系，只有他和倍倍尔间的关系可以比较，阿德勒尊他为师：他常说，教训未来的社会主义领袖如何把理论用于实际的，就是恩格斯一人。

在比利时、荷兰、瑞士、丹麦、瑞典、挪威、波兰、匈牙利、西班牙、葡萄牙、罗马尼亚，恩格斯的思想也发生了影响，但他的影响，在一个国度，发生了最大的历史的效果。这个国家，在那时，论劳动阶级运动，还是非常落后的。

我们知道，恩格斯在考察国际政治的前途时，那已经临近的俄国革命，常常在他的考虑上，占极重要地位。他常常觉得，这个革命将为西欧各国的无产阶级革命，扫开道路，这个革命是不可避免的。但何时才会爆发，并以怎样的形态爆发，还是不能决定的事情。马克思屡次和他讨论到这些问题，俄国的革命家也常常来请教，他懂得俄文，尽够阅读那些从俄国寄来的印刷品，但他总觉得，对于

---

① 今译"屠拉第"，下同。

 恩格斯传

俄国经济状态他所有的知识太贫乏了,所以在这些问题上面,他总觉得他没有充任顾问的资格。但他的意见往往成为必要的了,因为已经有一个新党成立,与民粹派相反对了。这个新党对于马克思和恩格斯的著作,有了最深刻的研究。民粹派不信俄罗斯也须经过长的产业发展过程,才能把共产理想实现,他们相信,俄国是一个大农民国家,可以立即由原始共产社会,通到充分发展的现代共产社会。他们不能接受马克思主义的诊断,因为依照这种诊断,资本主义的阶段乃是必然的。

因此,在当时的俄国思想界,发生了一个问题:即未来的共产组织,能不能由俄国本有的农村共同体的原始共产主义,直接生长出来。换言之,是不是在俄国,共产制度也须由资本主义的生产体系生长出来。只要可能,恩格斯对于这个问题是避免不答复的。而在必须答复的场合,他以为,在这场合,他们须处理的,已经不是理论问题,而是政治问题,俄国初期的社会主义以为俄国人是最适于拥护社会主义的人民;这是恩格斯不能同意的。他不但不能同意,并且抱有一种恶感,因为这种大斯拉夫主义的意味,他是不能赞成的。他主张,俄国的原始共产组织,只能与生产的低阶段相容纳。"米尔"对于未来的社会主义的俄国,他承认,不是毫无积极的意义;但他主张,这个制度的遗留,即在俄国,也不能把资产阶级社会的阶段踢开,除非西欧无产阶级的革命,能够在适当的时候发生,一八八二年《宣言》的俄译本第二版出版时,恩格斯和马克思就把这个判断表示在他们的序言上了。

在过去经验的教训之下,他们朋友两个,对于由俄国来的政治亡命客大多数,不得不采取出格的保留态度,但一八七二年他已经

第一部分 生平与事业

能够对倍克尔说,在这些逃亡者中,确实有一些人的才能和性格,很可以赞美,他们能够刻苦勉励,在理论上,也有过人的地方。在这些俄国人中,有洛巴亭(Lopatin)和哈特曼(Leo Hartmann)。

那时候,俄国常常发生暗杀。但他希望,恐怖主义的时期可以迅速了结,而以立宪国的公开政治斗争为其代替。他以为,使沙皇降服的比较确实的方法,是资本主义的迅速发展。绝不是恐怖主义者的行动。在马克思去世后不久,他曾对洛巴亭说到,这时俄国革命党的任务,不是实施社会主义的理论,因为在俄国这时候,社会主义理论的实际条件还是不存在的。真正的任务,在迫使亚历山大山三世召集一个国会。选举竞争的演说,比一切形式的革命宣传,会有效果得多。俄国的实际生活条件,已包含充分的贫苦,可以引起革命。情形一被克服,人民就会被刺激起来活动,革命就会自行爆发的。

但在俄国,反动的势力不久就再抬头了。俄国社会主义者没有希望可以在政治上发生直接的有效的作用,方才转过来,注意原理的问题,并以恩格斯为权威。一八八三年,在日内瓦形成的"劳动解放社"这个团体,是第一个俄国人的社会主义组织,纯然采取马克思恩格斯的见解的,里面最重要的人物,有普列哈诺夫、阿克塞洛德和维拉·查苏利希(Vera Zassulitsch)。恩格斯听说,在俄国人中毕竟有一个党的核心,无条件、无限制地接受他和马克思的理论,并将无政府主义斯拉夫主义的传统予以打破时,他当然是很快慰的。

几年后,这些马克思主义者,亲到伦敦来访恩格斯。他把他曾经对查苏利希说过的话,再对他们说;那就是,为什么在他们和另一些俄国社会主义团体发生争论时,他不参加进来。他对于俄国运

动的历史,俄国的现状,没有充分的认识。这种情形,使他对于一个特殊时机的必要策略,不敢发表任何意见。一八八五年,他对查苏利希谈到俄国革命的发展时已经说过:"觉得自己已经把革命制造出来的人们,常常会在次日觉得不知道自己在做什么,并且会觉得他们所造成的革命,并不是他们想欲制造的东西。"

八十年代末期,恩格斯不常提到俄国革命了,但俄国方面的信徒能这样吸收马克思主义的理论,他是十分嘉许的。关于农业问题,恩格斯以为,将来大土地被没收时,不应一小块一小块分散给农民。在他看来,农民的土地所有权,无论在西欧,在中欧,还是在俄罗斯,都是不能复活的。他坚信,未来的农业是和工业一样将被合理化,而以机械,依大规模去经营。一八九三年他写信给丹尼尔孙(Lanirlson)——《资本论》的俄文译者——就说,用一个新的资产阶级化的地主阶级,来代替五十万的土地所有者和八千万左右的农民,不免会引起可怕的痛苦和骚乱,"但历史是一个最残忍的女神,她不仅会在战争中,并且会在和平的经济发展中,在死尸堆上,驶行她的胜利的车辆"。

一八九二年春,在恩格斯家里,一个会议被召集了。俄国社会主义亡命者的两派,都出席了;会议的目的,在促使两派的联合。在恩格斯看来,过于匆促的统一运动,也许只会引起更多的争论;所以,计划失败时,恩格斯并不怎样失望。他对于俄国内部的问题,始终采取保留的态度,一八九三年俄国农业问题著作家浩尔维齐(Isaak A. Hourwich)由芝加哥写信来,请他把农民在未来革命中的地位宣布时,他就拒绝了,他答说,他很知道,他是一个外国人,他们说的话至多只能有暂时的效果。在国内情形平静如常时,政治

第一部分 生平与事业

亡命客会分裂成为许多对立的小党派,乃是不可避免的。他说:"只要研究一下过去十年间俄国那一些亡命客的著作,你就知道,这各派曾用最矛盾的说法,来解释马克思著作和通信上的文句,好像那些文字是由经典或新约书引用下来一样。所以,对于你向我提出的这个问题,我的话,如果被人注意,恐也不免要被他们同样使用。"他说,过分的辩论应当避免;为要避免过分的辩论,俄国的社会民主主义者间应迅即找到有力的领袖。

这个有力的领袖不久就找到了。二十五年后,俄国的大革命爆发了。恩格斯当初当然没有料到,他的主张,会在一个一向被他视为文明圈外的国家,得到最早的实现,但没有疑问,如果他能亲见这个革命的发生,他一定会非常高兴,并且会给予最大的鼓励的。

恩格斯传

二十四　第一次欧战前夜的情形

在各国社会主义运动以迟缓的或迅速的步骤向前发展时，欧洲大战的危机是一天比一天严重了，恩格斯在一八四八年曾经希望有一次世界大战引起世界的社会革命，但自各国的社会主义政党成立以来，他以为，一次欧战的发生，至多，只会延迟社会主义实现的日期。但现在，大战的危机是益益紧逼了。普法战争后亚尔塞斯与洛伦二州的割并，没有解决德法间的问题，不过把两国的世仇加深了。巴尔干已经为各强国逐鹿的对象，法国人一致赞成与帝俄缔结同盟。各强国利害冲突的紧张程度，随时间有引起大战的可能。一八八二年十二月恩格斯写信给倍倍尔曾说："我应当把一次欧战看作是一种不幸。这回情形将异常严重。若干年间，欧洲将到处实行黩武主义，因为每一个国家都要为自身的生存而战。俄国革命家将近要成功的工作将会变为无用；德国的党将会在黩武主义的洪流中暂时被扫荡，被破灭，法国的情形也会如此。"

一八八六年十一月，他已经担心世界大战将因巴尔干问题而爆发。他希望法国的社会主义者能够认识法俄联盟所造成的危机，起来反对这种同盟条约的订立。他知道，这样一次斗争将成为世界空

第一部分 生平与事业

前的屠杀；最后，胜利属于何方，那要看战争是否持久，并且看各国如何结合。战争越持久，英国的位置将愈见重要，（一方面因为它拥有强大的海军，一方面因为它拥有巨大的资源）；在战争初开时，它的军队将保持在后备状态中，但只要有六万英国军队，就会在战争中提出最后的打击。这一切，当然，都以各国国内情形不生变化这一件事为前提。但在法国，战争的爆发可能会把革命分子拥上政治舞台；在德国，那个老头子的失败或死亡，可能使整个制度发生变化；这样，交战势力双方的结合，就会发生变化了。总之，全部将会陷在混乱中。只有一个结果是确实的：以空前的规模实行大屠杀，全欧洲以空前的程度陷于枯竭状态，最后是旧制度完全崩溃。

关于他的预料中的这次大战，在一八八八年二月，他留下了一个这样的估计："悲剧而又喜剧式的大冲突：国家必须冒险去进行政治的战争；那是从来不会引动民族热情的。为对付这种战争，国家需要一种国民军；这种军队，在民族自卫战及跟着发生的攻击战上，才是可靠的。在这种冲突中，普鲁士国和普鲁士军队会归于瓦解——也许就在对俄的战争中瓦解。这次战争可以维持四年之久，结果只是疫病和枯骨。"

他预料到了，这种旷日持久的战争，会予大陆各国的经济前途以威胁。他遗稿中留下了如下的记载："在这情形下，美国的工业将会得到全线的胜利，因而在我们面前只有两条路——不是在生存的基础上（因为美洲谷物的大量生产，使我们只能立在这个基础上），回复到纯粹农业的状况，……便是社会革命。"又说："战争吗？开始战争是容易的，但一开始，其结果便不易想象了。"又说："和平

依然维持着。但不过因为军备的技术是在不断的发展中,没有一国已经准备好。世界大战(这是唯一可能的结果)的前途是绝对不能预计的。所以,想到它,他们都发抖起来。"

在世界大战的危机中,恩格斯的主张曾被若干人曲解,以为恩格斯是民族主义的拥护者。但我们必须知道,恩格斯对于德意志帝国,是始终没有好感。俾斯麦倒台后,倍伦斯泰因在恩格斯的影响下,曾在党报发表一些社论,表示他不为德皇的暂时政策所迷惑,德皇垂爱于社会政策,并要夺得工人阶级拥护的一切措施,没有能够欺骗恩格斯。

党在倍倍尔和李卜克内西的领导下,逐渐有了扩张的影响,社会主义取缔法取消后,在德国境内,第一次的党大会,于一八九〇年十月在哈勒召开了。我们必须记着,恩格斯看见他和马克思对于《哥达纲领》的批评竟为党诸领袖所忽视,是极愤怒的。在社会主义取缔法依然有效时,党纲当然没有修改的可能。现在,这个法律撤销了。恩格斯急不可耐地希望来一次修改。哈勒大会同意在下一届大会实行把党纲修改。李卜克内西以为,党纲可以由全党的集体工作来定立。但恩格斯不能相信这个。他为要扫除拉塞尔主义或小资产阶级人民党的公式,决心要为最大的努力。因此,他不事先与党商洽,就在考茨基(Kautsky)编辑的《新时代》内,把马克思的批评公布出来了,这个批评一直到这时候,还很少人知道。

党没有抵制的理由,但宣称这个批评的公布,没有事先征求党的同意。起初,恩格斯怕考茨基会成为众矢之的。他写信给倍倍尔说:"假如你们竟通过一种取缔社会主义法来钳制你们自己的同志,你们又和普鲁士有什么区别呢?这对于我个人毫无关系。我决心要

第一部分 生平与事业

说话时,世间没有任何党可以钳制我,不许我说话。但我觉得,你们应当想一想,你们在举动上是不是应该慎重些,是不是应该少带一点普鲁士主义气味。你们——党——是需要社会主义科学的;这样的科学,在党内还有自由的时候,才是可能的。"

许多年来,他就觉得,必须把拉塞尔的传统炸开;现在,他觉得,适当的时候已经到了。次一届大会于一八九一年在欧尔福特①开幕,新纲领被采取了。当草案寄到恩格斯手里时,他立即把一切其他的工作排开,来研究它。他同意,"一切已经死亡的传统之主要的残留物",是消灭了,不过,必须批评的地方还是很多。例如,草案上说无产阶级的人数和贫困都在不断增加。对于这句话,他提出了反对,而不能无条件接受"贫困程度益益增加的理论"。他说,劳动阶级的组织以及他们的不断增加的抵抗力,可能当作一个阻碍,来防止他们的贫困程度的增加。确实是在增加的,只是生活的不确实性。在批评草案的政治要求时,他指出了这种错觉:即现存的法律制度,使党的一切要求,可以由和平的合法的手段得到满足。他说,德国还是一个半专制国家,所以在英美法等国,和平的发展虽然是可能的,但这种可能性,在德国,是绝对没有。

对于正式的草案,考茨基也发觉了许多点,要加以批评。他提出了一个新草案,作为讨论的基础。其理论方面是由他提出,其实践方面是由倍伦斯泰因提出。这个办法,得到了恩格斯的充分赞许。他还曾与倍伦斯泰因逐条讨论。但在他看来,这个新草案也有许多点要更改。例如,考茨基主张沿用正式草案中的一句话:"社会的这

---

① 今译"爱尔福特",下同。

 恩格斯传

种变革,不仅是无产阶级的解放,并且是在现在状况下受痛苦的全人类的解放。"恩格斯认为这句话是"全然不着边际的"。他提议改为,因为阶级斗争的缘故,统治阶级甚至比被压迫阶级更在道德方面认知方面成为残废的。十月十八日,倍倍尔从欧尔福特写信告诉恩格斯说:"《新时代》所提出的新草案,已被采为讨论的基础。李卜克内西很不高兴,因为他坚持我们自己的草案。"总之,情形总算合了恩格斯的期望。所以他写信给倍倍尔时,表示他非常愉快;在给梭格的信里,他说:"马克思的批评全线胜利了,这使我们高兴。"

德皇原来想用一盆稀饭,来把大众的心买回。他看见这种方法不能见效时,他的态度就改变了。他看见社会民主党的势力不能用这种方法来收买时,他自然会想用暴力来镇压这个运动。恩格斯看见这种情形,不觉得惊异。但他不希望劳动阶级在这种情况下去和德国的精选军队冲突。"劳动阶级的这种举动,必然会引起军事独裁制度,所以我们必须留意,不要让这种事情发生。"(一八九〇年四月他给梭格信里的话。)

卡尔诺总统被一个无政府主义者刺死了。德皇威廉二世这时对革命党行动的措施,使社会民主党不得不采取紧急的处置。恩格斯在为马克思《法国阶级斗争①》新版撰一篇序言时,就抓住这个机会,解释了在这样的危机中,党应采取什么战略。他根据他多年的经验,表示巷街战已经过时,因为现代军队已经有了改良的设备,改良的训练,改良的组织。他说明了,自一八九四年以来,老街战的情形已经全然改变;现在,巷街战是全然于军队有利了,改良的

---

① 今译"1848 至 1850 年法兰西阶级斗争",下同。

第一部分　生平与事业

铁道运输，使政府可以更敏捷得多的，把可靠的军队召集；小径后膛枪比以前的平径前膛枪，可以射四倍的远，可以射十倍的快。炸弹和炸药，可以立即炸毁最好的街垒。现在的街道是这样宽这样直。新式来福枪和大炮可以在发挥最大的效果。他说："如果有一个革命家居然在细密的考虑之后，赞成在柏林的工人区域发动街垒战，他一定是发狂了。"

他还说，在大革命中，市街战还是可以发生的，但若真的发生了，那就要用优势的力量采取攻势，不应在街垒里采取被攻的守势。往下他又说，反动势力要挑起无产阶级从事公开的战争，然后再嘲笑他们，说他们不敢冒失败的危险。不过"这些绅士们真是浪费心机。我们没有笨到这个地步。如果这种挑战也会引起效果，他们也可以在下一次的战争中，要求他们的敌人，再采取老佛里兹（Fritz）的直线队形，或采取瓦格兰和滑铁卢的横列队形，并持燧石枪来作战了"。他还说，德国的社会民主党在国际无产阶级队伍中是最团结的力量，至少在开始的时候，它负有特别的使命。它的生长是自然的，不可抵抗的，平稳的，像一个自然的过程一样。他说，维持这种生长，使其不致中断，一直到最后把现行的政制推翻，乃是一件重要的事。在决战的日期到来以前，党不要把力量消耗在前哨战上。

当时，一个新的取缔谋乱行为的法令，正好在提付讨论。顾及这一点，党编辑部认为必须遇事慎重。因此，他们决计把恩格斯这段话压下来。恩格斯当然不愿党在这样的情形下试行武装的暴动，他曾严切的忠告党，莫受敌人诱惑，以至在必败时走上战场，所以他同意把文章里面某一些字眼删去。但他接读印刷本，看见原文的

删削,使他看来像是一个"和平的合法的战士"时,他是极愤怒的。他写给拉法格、考茨基和菲雪尔(Richard Ficher)的信,都表示了这种愤怒。他说,他要法国人特别认识这一点:即他的和平战略,"只是对当时的德国而言的,且当中也还附有许多保留。在法兰西、比利时、意大利和奥地利,这样的策略是不能采用的。即在德国,到明天,这种策略也可以成为无用的"。所以,很明白,恩格斯晚年反对使用暴力的猜想,可以证明是无稽的。不,一直到他死的时候,他总是觉得,除了极少数的例外,无产阶级必须经过拼命的斗争,方才能夺得政权。

欧战的危机,间接成了一国社会主义政党间的危机,各国的社会主义政党,都以为,只要工人阶级能够发动一个国民的和国际的运动,并且合作起来,就可以把战争的危险避免。一个新的国际,于一八八九年在巴黎成立了。但一开始,就遇到了种种困难。对于各社会主义党间的正式谈判,恩格斯没有积极参加。他只以导师的地位,仲裁人的地位,听受各国的党的咨询。

这时候,德法两国的冲突,益益尖锐化了。拉法格代表法国的党责备德国的政策,说巴黎各国各报纸的战争情报,完全要由德国负责。恩格斯在复信中,说到俾斯麦虽再愚蠢,也不致要发动一次会把全欧洲卷入的战争,因为由这种战争得到利益的,只有沙皇。一八九〇年二月,他写了一篇相当长的论文,登载在普列哈诺夫和阿克塞洛尔编辑的、苏黎支发行的俄文报纸上。他说,欧洲大战将由何方胜利,最后要取决于英国的态度,在因为英国可以斩断法国或者德国的谷物输入,从而使法国或者德国不得不在饥饿中屈服。他指出了,俄皇的外交政策,是由社会革命在俄

第一部分 生平与事业

国的"长足进步"决定的。报纸虽异常热烈地拥护俄皇的帝国主义政策,但所表示的,只是新成立的都市资产阶级的思想。只要在人口中占大多数的农民被准许在国会内发言,情形就会发生变化。这时候,俄皇的注意将会由国外移向国内,从而,把统治世界的梦暂时搁起来。所以只有俄国革命,可以防止世界大战的危机。最强固的反动堡垒一经倾倒,欧洲每一个政府会丧失它的自信心。这样,西欧就会在无外国干涉的情形下,起来负起它的历史使命。那就是,由资本主义社会,转为社会主义社会。反之,如果俄国的革命党无期延缓下来,欧洲就会以益益大的速度,陷入世界大战的深渊中了。

这篇文章,用法文,在《新理想》上发表了;还由英文,在社会主义报纸《泰晤士》上发表了。

法俄同盟条约终于缔结了。所以,法国工人党发行的年鉴邀请他撰文时,他很高兴利用这机会,来说明他对于当前的危机所抱的见解。在撰写时,恩格斯十分慎重。他曾把他的草稿送给拉法格夫人(马克思的女儿),征求他们的意见。她、拉法格,和格德看了他的草稿都衷心表示满意时,他当然觉得很松快。文章的内容,在向法国人说明德国社会主义的起源和发展。在导言内,他告诉法国的读者说,他五十年致力于革命所已获得的地位,使他不能代表任何一国的社会主义党反对别一国的社会主义党,虽然天生是一个德国人。很可能,威廉二世在社会主义达到高潮以前,不会老是坐着不动手。在那里,很可能曾发生过一种斗争;很可能,更优越的反革命努力会暂将胜利。但这样一种胜利,不会阻碍社会主义的最后胜利,却不过使它的胜利更完全。但这种有利

的结果是否发生,要以大战不发生这件事为前提。不幸,大战可以在任何时候爆发。

于是,他对法国的工人阶级说,德国的社会民主党,决不会把它自身,看作是和现在的德意志帝国一体。德国的社会民主党,极反对割并亚尔塞斯与洛伦二州。他说,与德意志帝国比较,第三共和国是代表革命(但只是资产阶级革命),但其它与沙皇的俄国同盟,它就不能再代表革命了。

其次,他说明了,在帝国主义的德国背后,有社会主义的德国政权立着;它赞成波兰的复国运动,允许北希勒斯维格和亚尔塞斯与洛伦自决。他责备法国的爱国主义者太过性急,说他们不值得为要达到目前的目标,而使整个大陆荒废,并把整个大陆放在沙皇的鞭笞下。他说,在未来的由俄国点火的世界大战中,法德二国将受到最大的牺牲。在现状下,维斯杜拉河的炮声一响,法国的军队就会开进莱茵河。"这样,德国就要为它自身的生存而战了。"如果德国战胜了,德国不会有什么利益。但若失败了,它将会丧失一大块土地。这样,德国为图自存,必定会再发动一次战争。如果是这样,德国社会民主党的命运就被注定了。沙皇和德法二国的内阁,将立在德国社会民主主义的尸骸上,拥抱着狂舞了。

往下他又说,在现在的国际劳动阶级运动中,德国的社会主义者负着最重要的责任。它负有义务,要防卫它到最后一人;它负有义务,不向国内的敌人屈服,也不向国外的敌人屈服。如果和平不被破坏,十年之内,社会民主党,就会统治德国;如果战争爆发,社会民主党如不能在二年或三年内胜利,那就至少会在十五年或二

第一部分　生平与事业

十年内全然破灭。战争规定了不是立即招致社会主义的胜利，就是使旧社会秩序全然破坏，以至留下一片废墟。使社会主义社会成为不可能的。

他说，德国的社会主义者是不能拒绝与法国人战的，如果法国人效忠于俄皇陛下。他的这个意思，在他写给倍倍尔的信里，同样表示了。他说："我们必须认识，如果与俄国同盟的法国竟与德国宣战，它就必定会和欧洲最强的社会民主党相战了。这样，我们只有用全力来抵抗那和俄国站在一面的侵略者了。"

他的论文，立即在法国方面，引起了不友好的反应。议员卜洛多（Protot）——也许是一个俄国侦探——写了一篇讽刺文，说恩格斯为一条毒蛇，说他二十年来离间挑拨法俄间的感情，其目的无非要使德国独霸。他还说，德国的社会民主党和他们的大顾问恩格斯，比法国的社会主义者更有爱国心。法国的社会主义者维伦（Vaillant）和朋尼尔（Bonnier）大觉狼狈；格德也声称，如果有另一个民族甘愿破坏欧洲和平，法国人当然也参加兵役。朋尼尔写信给恩格斯说，如果社会民主党可以防止战争的发生，那当然没有问题，但若没有这种力量，也不应急急要把我们的弱点暴露。对于这种抗议，恩格斯答说："法国社会主义者不明白表示，在自卫的战争中他们愿意抵抗德皇威廉的攻击，那不过因为理由太显然太自明了，用不着说出来。在德国，每一个社会主义者都觉得，在这样的情形下，法国的社会主义者定然会起来尽保护民族独立的义务。"他写那篇文章时，就是从这个观点出发的。

后来的人，常常引用恩格斯这几句话，来证明他是一个爱国主义者。在这种曲解下，好像恩格斯将会在民族战争之前主张放弃阶

 恩格斯传

级斗争。这完全是一个误解。他并不希望色当胜利的再来,像不希望俄国或法国胜利一样。他认为,有阶级意识的无产者,在德国和法国各能支配自身命运的条件下,方才能实现他们的目标。在民族的生存受到威胁时,阶级斗争一定会退到幕后去的。所以恩格斯反对战争,但他以为,若战争不可避免,则一切反对的空谈都不但无益,而且有实际的妨害。他知道,如果战争真的不得不爆发,德国社会民主党的处境当然会变得困难。社会民主党的力量,尚不能遏止战争的发生。在国会内拒绝军费案的通过固属不智,宣传罢服兵役,也不过给统治者以强力压迫的口实。他以为,一切办法,"如其可以使其现有军队更与民军相近,如其只会加强我们的自卫力量,如其会把一切尚未入伍的男子,自十七岁至六十岁的,训练起来,武装起来,如其会把他们编入固定的队伍,但不增加队伍的统束,则党应当投票赞成"。他还说:"在战争的危险消灭时,我们不能要求把现有的军事组织完全改革。但若有一种方法,会把适龄但未受训练的大批壮丁召集,尽可能把他们训练的,并编入队伍,我们所能接受的民兵制就接近了。"

一八九三年二月和三月,恩格斯在《前进》杂志上发表了一些论文。题名《欧洲能够裁军么?》的里面,他指摘了,正规的军队依然被维持着,那并不是为军事上的理由,而是为政治的理由。他说:"这种军队不是为抵御外侮,而是为制止内忧的。"他提议以民兵制代替常备兵制。他以前已经对马克思说过,合理的军事组织,应该是普鲁士制度和瑞士制度的中间物。他说,只有在社会主义社会能够真正与充分的民兵制度相适合。他提议限制服役的年限,并认为这是缩减军备的必要前提。但倍倍尔的回信,说国会同志不能接受

第一部分　生平与事业

他的建议,并且说:"事实上,我们用不着苦脑筋,在帮助那些在位的绅士们。他们只注意军事技术上的改革,在其他一切部门,是公然采取保守主义的。我们越是要求增加服役人数而缩短服役年限从而使军队民主化,他们就越是只注意那些可以使旧传统保持不变的事情。一方面是对于真理之绝对的明白的灼见,另一方面却是一种狭隘的杰拿(Pre-Jena)的精神。"

恩格斯的见解,足以无产阶级夺得政权为主眼。在大战会妨碍这个目标和实现时,他反对战争;在大战已经不可避免时,他就要求改革军队组织,使其可以达到民众武装的结果。当诸领袖把他的精神误解了,这和法国方面的社会主义者的误解,是全然一样的。

 恩格斯传

二十五 晚 年

丽子逝世后,她的外甥女玛利·爱伦①(Mary Allen)——她是在恩格斯家里长成的——暂时替他管理家务。但一个糊涂的市侩名叫洛雪尔的,引诱了这个愚笨的女孩子。在恩格斯的主张下,他们结婚了。洛雪尔生意失败后,他们全寄居在恩格斯家里。但他们与其说是爱恩格斯的人格,毋宁说是爱他的钱袋。所以,当忠实的海伦·德妙子②(Helena Demuth)——她是马克思夫妇多年共患难的女仆和朋友——在马克思去世后能够到他家来替他料理家务,那真是他一宗太好的运气了。德妙子是一个仁慈聪明的女人。她替马克思料理家务,一直到马克思去世。她的生活是这样和马克思一家的生活联系在一起,所以,她能够到恩格斯家里来时,他欢迎她,是像欢迎一个忠实的老朋友一样。

从星期一到星期六,恩格斯过着一种单纯的安静的生活。但到星期日,他的会客室里,常常是很多宾客的,宾客的最大部分是由各国来的同志,他们或是来伦敦游历,或已经住在伦敦。他慷慨地

---

① 今译"玛丽·艾伦",下同。
② 今译"海伦·德穆特",下同。

第一部分 生平与事业

精神矍铄地坐在东道主的席上，有时哼着旧的德国学生歌曲或唱他爱唱的英国歌《布勒牧师》。爱威灵夫妇几乎常常在座。由一八八五年至一八九〇年，卡尔·考茨基和他的年轻的妻子，也常常参加进来。一八八八年，《社会民主党报》的编辑部，由瑞士被驱逐，搬到伦敦来了。里面有倍伦斯泰因、菲雪尔和摩特勒（Mottler）。最常访问的法人，是马克思的女婿拉法格和郎格①（Longuet），此外还有朋尼尔（Charles Bonnier）。从德国来和他长谈的，有李卜克内西、倍倍尔和辛格尔（Singer）。在俄国的马克思主义者中，有维拉·查苏利希常常到他家里。在波兰人中，有孟德尔桑（Stanislaw Mendelsohn）。在英吉利人中，恩格斯的亲近朋友很少。最重要的，有约翰·白恩士（John Burns）。不过，他同情于自由党。松恩（Will Thorne）亦常常来。巴尔福、巴克斯（Belfort Bax）、古宁罕、格拉罕（Cunnig Hame Graham）和威廉·摩理斯也常常来。摩理斯对于中世纪的爱慕，恩格斯常以幽默的态度去容忍。哈第和魁尔希（Quelsch）——《正义》的编者——不过有时候来。英国的社会主义者和工会主义者不喜欢爱威灵，也不喜欢常到爱威灵常到的房子来。有一次，韦布（Sidney Weff）对倍伦斯泰因说："我们攻击马克思，其实是指爱威灵。"大陆方面的颂扬者，曾称恩格斯的寓所为"社会主义圣地"，英国人却不愿走进他的家。

只要遇到休假，他是常常到海滨去，尤其是到伊斯特堡（East Fowrne）。一八八八年他"远足"到美国和加拿大。同行的人有他的知友肃理梅②（Schorlerimer）——特出的化学家——和爱威灵夫妇。一八九〇年他又偕肃理梅游历斯坎底纳维亚半岛，他的游踪，

---

① 今译"龙格"，下同。
② 今译"肖莱马"，下同。

 恩格斯传

到了北岬。

在美国他住了一个星期。他会着了他的老朋友梭格和哈尔内。他预料,纽约将成为资本主义生产的首都。

经过短期间的害病,海伦·德妙子在一八九〇年十一月四日逝世了。她是"一八四八年前的老卫士的最后一个",她去世后第二日,恩格斯写信给梭格说:"现在我又是一个人了。马克思多年来所以能够安心工作,是赖有她;过去的七年间我能够安心工作,也是赖有她。以后将会怎样,那真是不知道。并且,在党的问题上,此后我也不能再得到她的机警的意见了。"当她的遗骸被葬到马克思夫妇墓旁时,恩格斯眼含着泪说:"以前我屋子里是有阳光的,现在要成为黑暗了。"——但幸而路易莎·考茨基——她和考茨基的关系是在一八八八年破裂了——接受了他的非常客气的邀请,答应住在他家里。新年来到时,他又能写信给梭格,说他又觉得安逸了,一八九四年路易莎和奥地利一位医生佛莱白尔格(Freyblrger)结婚后,他还是在他家里担任这种工作。他们三个在同一条街上,租了一所更大的房子,住在一起。

恩格斯七十岁生日后,文明世界各处对于这位来人争相致送祝贺。他很谦虚的,表示他不愿见这种祝贺个人的举动。他说:"最知道我的,是我自己;我知道,这种敬意的大部分,不是由于我和我的功绩。一个比我更伟大的人,卡尔·马克思。播下了种子,注定了要由我去收获它的名誉与果实。我只有把我的余生,奉献给无产阶级,应该对于尊敬,不致觉得惭愧。"

一八九三年八月,在苏黎支,一次国际大会被召集了。自社会主义取缔法撤销以来,德国方面的朋友,不断要他回来,亲眼看看祖国的情形,因为现在他的祖国已经成为一个大工业国,并成为欧

第一部分 生平与事业

洲社会社会主义的堡垒了。他和路易莎·考茨基及佛莱白尔格一同到科伦。火车驶行于莱茵，他的故乡时，青年时代的种种回忆，聚集在他脑里。他看见教室的高塔时，哭泣出来说："可爱的地方啊，如果有福气住在这里啊！"由科伦，他同倍倍尔一同经过梅因兹，和斯拉斯堡，溯莱茵河面上，至瑞士。在格劳朋登，他偷闲了半个月；在那里，他的弟弟赫尔曼等候着他。一直到大会快要结束时，他才到苏黎支。

对于欧洲社会主义的这位保姆，大会全体致送了深切的敬意。在代表中，有拉布里奥拉、杜拉弟等著名人物虽然和他通过信。但没有和他会过面。对于冗长的讨论和商议，他是素来不高兴的。但他很高兴地参加了各种社交的集会。他和爱灵娜、倍倍尔、考茨基、拉布里奥拉等人，曾一同乘船到明德利康。主持人很想把他的时间独占过来，但他愿意在真诚的讨论之外，还有时间可以和几个好友欣赏一点清鲜的微风，喝一杯淡酒。在阿克塞尔洛德家里，他听了一个俄国少女唱歌。维拉·查苏利希被给予了一个亲吻。一个维也纳来的女工人阿德尔赫·德福拉克——后来的卜蒲夫人，奥地利社会主义妇女运动领导人——很得了他的称许。

恩格斯担任大会的名誉主席，不能拒绝致送一篇闭幕辞。他踏进汤浩尔大厅时，一致的掌声鼓起了。在大多数代表眼里，他已经是传奇上的人物了；他们能亲身见到他，都大喜过望。在他的演说中，他谢拒了这种敬意：他说，第一、这种敬意，应付于一个伟人，恰恰在五十年前，他和这位伟人，在《德法年报》内，一起发表了最早的社会主义论文。他说："社会主义，从那时候那样一个小的团体，现在已经发展成了一个有力的政党了，在它面前，全世界的官场都抖战着。马克思死了，如果他还活着，世界再没有另一个人，

能够像他那样,看着自己毕生的事业而觉得骄傲了。"

几星期后,他和倍倍尔一同到奥地利去。在那里,他对同志们说,就令他以马克思同志资格在这五十年内对于运动有什么贡献,他也不望报酬的。他说:"现在我们是一个大力量了。我们被人家怕;我们的力量,比一些大力量,更有决定的作用了。这就是我的真正的荣誉,我们不是白度一生了。"他还旅行到柏林。他自离开军队以来,还是第一次到那里,他在康考第窿一个群众大会内讲演了一次。他说,在他青年时,柏林还是一个宫廷、守卫队、贵族和官吏的世界,现在却是一个世界最强大的工人政党的首都了。

这种种新景象,虽使他看了高兴,但他还是愿回到伦敦的书斋里来。他写信给梭格说:"一切人都好,但我并不注意这个,我很高兴,因为这一切都过去了,他说,第二次他再去时,他要事先约好,不得再在公众面前,举行任何阅兵的仪式。"公众所给予他的招待,颇使他惊异,但他情愿把这种种,留给国会议员和演说家去享受。

一回到伦敦,他就开始工作。《资本论》第三卷将近要编辑成功了。还有第四卷要他编辑,此外,他打算把《德国农民战争》一书改订,使其包括德国的全部历史。他还打算写一部《马克思传》,和一部国际史,因为除了他,他觉得,没有别人胜任这种工作。同时,他还时时考察各项问题。一个亚洲国家还是第一次发生大的政治变革。一八九四年九月十四日,他写信给考茨基说:"又是一次庄严的历史反语法。只有中国还可以被资本主义生产征服;这个征服过程一旦完成,资本主义就在它自己家里成为不可能了。"这一老人,在他去世的前一年,看出了中国在世界史上重要地位。

第一部分　生平与事业

二十六　终

　　一八九五年元旦，他在答复卜蒲夫人的颂贺时，他希望这只是他最近一次的生辰，不会是他最后一次的生辰。二月八日他还能说，他近来的健康，比一向时都好，并且说他正在享受工作的快乐，但三月间，佛莱白尔格不得不通知阿德勒，说这位老人正在患着食道癌。恩格斯没有想到，这就是死的记号。六月开初，他写信给丹尼尔孙，说他目下觉得不好，但情形不怎样严重。六月底，他写信给菲雪尔，说他还不能做任何工作，并且说这一次病不知要缠绵到什么时候。阿德勒说他的病状急转直下时，向监狱官告了一个假，特意来探视他的老师一次。恩格斯正在"以斯多亚的精神"，甚至以幽默的精神去忍受痛苦。已经不能说话了，他还在石板上表示他的意思。在阿德勒探视的期间，他的病急切走向恶化的途径，阿德勒不得不于八月三日离去时，他已经失去了意识了。八月五日晚，这一代最伟大的理论家实践家之一，腓特烈·恩格斯，就在他的伦敦寓所内，和平地逝世了。

　　他始终没有知道他的病是不治的。但他知道他的情形是益益向下。他忠于他的死的哲学，预先把一切事情布置得妥妥当当。他留下了一笔大款子，其中划出二万马克，作为倍倍尔和辛格尔的选举

 恩格斯传

费,并且附注,依照英国法律,他只能依这个方法,把钱遗赠给德国的党。这笔钱,只是他的财产的一小部分。其余额,分给了马克思诸女、佛莱白尔格夫人和洛雪尔夫人。遗嘱执行人为森牟尔·摩亚、佛莱白尔格和倍伦斯泰因。他把他个人的图书,赠给德国的党,并委托倍倍尔和倍伦斯泰因处理了他的未发表的遗稿。

生前留下的遗嘱,表示他愿意把他的遗体举行火葬,骨灰投入海中。他吩咐了,葬仪应绝对成为私人的,不要让任何政治关系参加进来,而应以有私交的朋友为限。他的种种志愿,都照行了。爱灵娜通知约翰·白恩士时,就明白对他说,请他不要把举行仪式的地点和时间,通知任何人。仪式是在南西铁路韦斯明斯特桥车站举行的,然后遗体送到瓦真的火葬场。举行火葬礼时,参加者大约不过八十人。李卜克内西、倍倍尔、辛格尔和倍伦斯泰因由德国来;拉法格由法国来;安塞(Anseele)由比利时来;文·德·哥斯(Vender Goes)由荷兰来。俄国方面是由维拉·查苏利希、沃尔考夫斯基(Walchaowski)和斯台普尼克(Stepniak)代表。此外,还有一个波兰人和一个意大利人。爱威灵夫妇、松恩、魁尔希和社会主义联盟一个代表,代表英国的劳动阶级。此外,还有考茨基和勒斯纳(Lessner)——一个裁缝,自共产主义同盟会时代以来,就是恩格斯的朋友——和几个家族代表。恩格斯一位侄子,在棺前称,他虽然在政见上和家族反对,但总是无偏心的、和气的,看待家里的人。森牟尔·摩亚在深切的感动下,致送了一篇短短的演说。李卜克内西代表德国的党,倍倍尔代表奥地利的党,拉法格代表法国的党,对"全世界有阶级意识的无产者的这位国际知友",代表感谢。伦敦的国际工人教育协会——最早的国际团体——在八月十日举行了一次追悼会,倍倍尔在会内发了言,爱威灵夫妇、勒斯纳、倍伦

第一部分 生平与事业

斯泰因护送他的骨灰罐到伊斯特堡，依照他的遗嘱，把骨灰罐，在距白赤·赫德五海里的地方，沉到海里去了。这正是一个暴风雨的秋天。

阿德勒在维也纳《劳动新闻》，发表了他逝世的哀启，内称马克思为"国际社会民主主义最伟大的理论家"，而推恩格斯为国际社会民主主义最伟大的策略家。事实也是，自七十年代至九十年代，把新的益益发展的欧洲劳动阶层政党领袖们培养起来的，告诉他们怎样把理论应用到政治实际上来的，就是恩格斯。他密切注意着各国的发展，他不单注意共同的发展路线，并且同样适当地，注意各国个别的历史因素。他有一种特殊的对于现实性的感觉。

不待说，他的思想、他的工作、他的成就，是和马克思合在一起；要是我们像一个学究一样，研究他们各别的贡献，那是一点益处没有的。有一次，拉法格问到了这个问题。恩格斯就答说："没有疑问，总有人会努力了解并且分析资本主义生产的机构，发现资本主义的发展法则——不过，这一定要经过一个很长的时间，并且这一切工作还会成为一种补缀杂凑的细工。只有马克思能够就一切经济的范畴，由它们的辩论法的运动，来考察它们，并把它们依次继起的诸阶段，和那些决定它们的原因连贯起来，并且把经济学的整个体系，在一个综合的理论——其个别部分是互相制约互相支持的——上，重新建立起来。"这几句话，表示了在一些什么地方，恩格斯自己觉得他是不及马克思的。他常常责备自己，说自己在理论上是懒惰的，但他对于理论的联系，有一种天赋的能力。他往往可以由直接的观察，去把握，去理解，并由此推出行动的纲领来。

他是谦虚的，但他有坚定不移的信念。他深信时间是他的同盟。他深信，在他和他的党的坚决斗争中，一切的敌人都必定会倒下来。

173

 恩格斯传

他的敌人也知道这点。他逝世后，斯杜谟（Von Stumm）——卢尔的大工业家，威廉二世社会立法问题的顾问——所有的一家报纸，就发表了一篇论文，说："社会主义者恩格斯终生的工作，是发动一种战争，从而把一切现存的社会秩序训练和道德都消灭。"

全世界的社会主义党，都痛悼他的逝世。比利时党的青年领袖方·德·维尔特（Van der Velde）撰文追述他在苏黎支步入会议厅时的印象。"要闭会了，最后一次投票，是在热病似的情形下举行的。每一个人嘴里都唤着一个名字。腓特烈·恩格斯步入了大厅。在大欢呼的声浪中，他踏上了讲坛。他用大会的三种语言，说到了过去的斗争，现在的胜利，和未来的无限希望之后，太阳光好像突然射来了，云雾好像吹散了。社会主义的精神团结，像白日一样，在各国的特殊精神中照耀着。当他用《宣言》最后一句话来结束大会时，全会场都跟着喊：全世界的工人联合起来。"

科学社会主义的伟大建立者腓特烈·恩格斯，终生没有怀疑过他的理论，没有怀疑过他理论的成果，他的一生是奉献于他的理论的。

第二部分　恩格斯相册

19岁的恩格斯（1839年） ▶

原始尺寸不详，原稿存于德国恩格斯故居博物馆。这时的恩格斯已经离开学校，走进了社会。恩格斯曾计划在大学里学习法律和经济学，但没有实现。他的父亲决定让他的长子为自己的商业和工业生涯做好准备。1837年9月，遵照父亲的意愿，恩格斯中学还没毕业就前往商行实习。

19 世纪 40 年代的肖像 ▶

原始尺寸为 13×18 厘米,摄影师不详。照片显示了 19 世纪 40 年代中期恩格斯的形象,他喜欢的胡子、姿势和眼神已经流露出高度的自信和远见卓识。奥古斯特·倍倍尔将此时的恩格斯描述为一个善良、勤劳,同时又不忘享受休闲时光的人。

1856年摄于曼彻斯特 ▶

　　原始底本为幻灯片,尺寸为24×36毫米,摄影师是G.莱斯特。恩格斯在曼彻斯特居住过两次:1842年12月至1844年8月,以及1850年11月至1870年9月,这两次他都是在他父亲公司的办公室工作。严肃的外表和更明显的胡须显示了他在日常中与"资本主义生活"之间的矛盾心理。当年,恩格斯的母亲与恩格斯在伦敦见面后,更担心他饮酒后引发的健康问题。

1861年摄于巴门 ▶

原始尺寸为6×9.8厘米，摄影师不详。这是1861年10月恩格斯造访一家酒吧后的留影，照片质量较差。恩格斯的母亲曾抱怨他坐姿不雅。恩格斯以不规范的坐姿面对摄影师，他一手拿着帽子，一手插在裤子口袋里，仿佛脆弱的资产阶级政权即将在他面前崩溃。

1862 年摄于布鲁塞尔 ▶

原始尺寸为 6.1×10.2 厘米，摄影师是 E. 比洛特（E. Billotte）。1862 年 9 月，恩格斯来到布鲁塞尔，后途经比利时和卢森堡前往德国。从 1851 年到 1862 年，恩格斯经常以马克思的名义为《纽约每日论坛报》撰稿，也许正因如此，他的胡须的形状和长度更接近他的密友。

1862年摄于汉堡 ▶

原始尺寸为6.1×9.9厘米,摄影师是C. H. 吕德克(C. H. Lüdecke)。这是恩格斯于1862年9月在汉堡停留期间拍摄的照片。

马克思、恩格斯和马克思的女儿燕妮、劳拉、爱琳娜 1864 年 5 月摄于伦敦 ▶

原始尺寸为 9.2×10.8 厘米,摄影师不详。1864年 5 月恩格斯在伦敦短暂停留,拜访了马克思,并与马克思家人团聚。从 1864 年起,恩格斯成为他父亲在曼彻斯特公司的股东,收入大大增加。从马克思三个女儿的着装可以看出,在恩格斯的帮助下,马克思家人的生活状况稍有改善。

1864 年摄于曼彻斯特 ▶

原始照片呈椭圆形，尺寸为 11.7×15.7 厘米，摄影师不详。恩格斯将这张照片寄给了家人和马克思。恩格斯的母亲和马克思都曾确认收到了这张照片。恩格斯外表严肃，根据他的坐姿、更具中产阶级风格的衣服和修剪整齐的胡须可以想象他在曼彻斯特公司工作的境况。

19 世纪 60 年代中期摄于曼彻斯特 ▶

原始尺寸为 6.1×10.4 厘米，摄影师是西拉斯·伊斯特姆（Silas Eastham）。从照片中可以看到恩格斯是如何适应他父亲公司的行为规范。他的外表整洁，一只脚向前伸，左手放在椅背上，目光从摄影师身边经过。在那个年代，恩格斯最喜欢的运动是骑马，直到 65 岁，他都很喜欢这项运动。恩格斯还参加了猎狐活动，马克思曾反复劝告他要谨慎运动，以免损坏身体。

1868 年/1869 年冬摄于曼彻斯特 ▶

原始尺寸为 6.2×10 厘米，摄影师是 W. H. 菲舍尔（W. H. Fischer）。恩格斯的冬衣看起来似乎是军用的，他在 1870—1871 年普法战争期间写的军事文章是他最重要的军事科学著作之一。马克思也非常赞赏恩格斯的智慧和才能，曾写道："他是一部真正的百科全书，不管在白天还是黑夜，不管头脑清醒还是喝醉酒，在任何时候他都能够工作，写作和思索起来像鬼一样快。"

19世纪60年代摄于曼彻斯特 ▶

尺寸、摄影师不详。恩格斯保持了这一时期他喜欢的发型、着装。他虽然忙于父亲公司的业务,但是为了支持马克思完成《资本论》的创作,给予了马克思一家宝贵的物质上的支持。同时,他和马克思保持密切的书信往来,对《资本论》的内容和结构进行了广泛的讨论。

恩格斯的《自白》▶

你最喜欢的优点……乐观
　男人的优点……用心做好分内的事
　女人的优点……有条不紊
您的特点……天下事都略有所知
您对幸福的理解……饮1848年的沙托—马尔高酒
您对幸福的理解……看牙科医生
您能原谅的缺点……各种分寸失当之举
您厌恶的缺点……伪善
您讨厌的……矫揉造作、傲慢不逊的女人
您最不喜欢的人物……斯珀吉翁
您喜欢做的事……捉弄人和被人捉弄
您喜爱的男英雄……一个也没有
您喜爱的女英雄……太多了，一个也举不出来
您喜爱的诗人……"狐狸—莱涅克"、莎士比亚、
　阿里欧斯托，等等
您喜爱的著作家……歌德、莱辛、扎梅耳松博士
您喜爱的花……风铃草
您喜爱的颜色……任何一种，只要不是苯胺染料
您喜爱的菜……凉菜：沙拉；热菜：爱尔兰焖肉
您喜爱的座右铭……一条也没有
您喜爱的格言……从容不迫

Your favourite virtue	jollity
" in man quality in man	to mind his own business
~~woman~~ in woman	not to mislay things
— chief characteristic	knowing everything by halves
Idea of happiness	Château Margaux 1848
— misery	to go to a dentist
The vice you excuse	excess of any sort
— " detest	cant
Your aversion	affected stuck-up women
The character you most dislike	Spurgeon
Favourite occupation	chaffing & being chaffed
— Hero	none
— Heroine	too many to name one
Poet	Reineke de Vos, Shakespeare, [Shelley?]
Prose writer	Goethe, Lessing, Dr Samelson
Flower	Blue Bell
Colour	any one not aniline
Dish	cold: Salad, hot: Irish Stew
Maxim	not to have any
Motto	take it easy

F. Engels

1877 年摄于布莱顿 ▶

原始尺寸为 6.3×10.5 厘米，摄影师是威廉·霍尔（William Hall）。这是恩格斯于 1877 年在英国南部海滨城市布莱顿的留影，他于 1887 年 2 月底至 3 月 13 日住在那里。恩格斯在布莱顿曾与米兰的《普莱贝报》（*La Plebe*）的编辑恩里科·比格纳米（Enrico Bignami）通信，他在一封信中热情地描述了 1877 年德国大选的胜利、德国和外国资产阶级在选举中陷入了恐慌。从外表上看，恩格斯显然已经老了，但面部表情非常丰富。

1888 年摄于伦敦 ▶

原始尺寸为 13×18 厘米，摄影师是 W. E. 德本汉（W. E. Debenham）。即使在将近 68 岁，恩格斯也丝毫不显虚荣，他在 1888 年 7 月给马克思的女儿劳拉的一封信中写道："我趁头发还没有全白的时候拍了一张照片，随信寄上，大家都说是最好的一张。"

1888 年摄于伦敦 ▶

原始尺寸为 17×23.9 厘米，摄影师是 W. E. 德本汉姆，这是 1888 年年中恩格斯在伦敦拍摄的照片，可能与前一张照片是同一天。恩格斯的胡须与他原本柔软的面部特征形成鲜明对比，看起来不太和谐，但他的衣服十分整洁。可能谁都不知道他在家庭世界与他的理想和理论事业之间进行了怎样的内心斗争，因为 1883 年马克思去世后，他接手了马克思著作的编辑和出版工作，并热切地与欧洲各国共产党人和社会主义者保持通信，支持他们的正义事业。

1888年摄于伦敦 ▶

原始尺寸为 13×18 厘米,摄影师是 W. E. 德本汉姆。这时,恩格斯仍然积极编辑和出版马克思的著作,并与欧洲各国共产主义者和社会主义者保持密切联系。

1891年摄于伦敦 ▶

原始尺寸为13×18厘米，摄影师不详。即使年事已高，恩格斯的身姿依然挺直、坚定，他目视远方，穿着整洁，背心前的怀表十分惹眼，左手拿着帽子和手杖。他灰色斑驳的胡须有些凹陷，与柔和的面部和清澈的眼睛形成对比。

▶ 1891年摄于伦敦

尺寸、摄影师不详。这是恩格斯拍摄于1891年2月中上旬的一幅照片。他此时略显疲惫，常年的审稿和校订工作，使他的身体尤其是眼睛受到了极大伤害。在1890年12月至1891年1月，恩格斯整理发表了马克思于1875年写的《哥达纲领批判》的手稿，并撰写序言，该著作在国际社会主义运动中引发极大震动。

1891年亨利希·肖伊作的恩格斯版画肖像 ▶

　　肖像下方摘引了恩格斯的话:"德国社会主义者以我们不仅继承了圣西门、傅立叶和欧文,而且继承了康德、费希特和黑格尔而感到骄傲。德国的工人运动是德国古典哲学的继承者。"

恩格斯同代表大会的部分代表合影 ▶

自左至右：斐迪南·西蒙（奥古斯特·倍倍尔的女婿）、弗丽达·西蒙（奥古斯特·倍倍尔的女儿）、克拉拉·蔡特金、弗里德里希·恩格斯、尤利娅·倍倍尔（奥古斯特·倍倍尔的妻子）、奥古斯特·倍倍尔、恩斯特·沙特奈尔、雷吉娜·伯恩施坦、爱德华·伯恩施坦。

桌上的葡萄酒和啤酒为在场者传达了一种轻松的、啤酒花园的氛围。但即便如此，恩格斯依然在这次会议上尖锐地批判了无政府主义者和工团主义者。

Das Bild ist anlässlich des Internationalen Sozialisten

恩格斯生前最后的照片（1893年）▶

1893年，也就是恩格斯逝世的前两年，无论从外表还是神态看，恩格斯已经苍老了，但这似乎丝毫没影响他的工作。这年1月至4月，他写信给奥地利、德国、捷克、西班牙和法国工人庆祝五一节。2月和7月，分别为《共产党宣言》意大利文版、《资本论》第二卷德文第二版撰写了序言。

第三部分　恩格斯大事年表

1820 年 11 月 28 日

弗里德里希·恩格斯出生于德国巴门市（今伍珀塔尔市）纺织业世家，他的曾祖父和祖父是当地著名的企业家。图为恩格斯的出生证书。

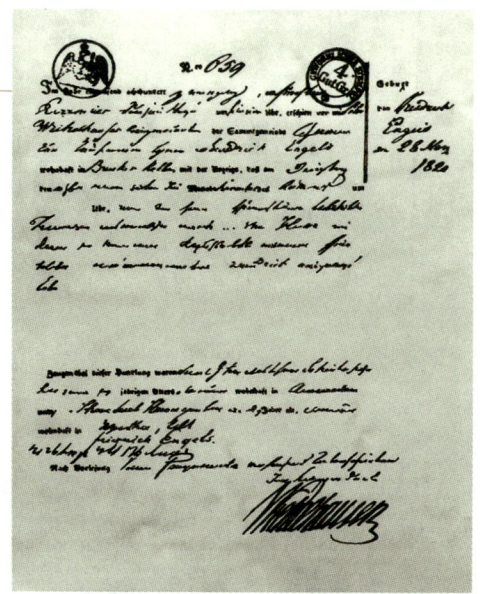

1829 年

恩格斯进入巴门市立学校接受启蒙教育。他学习了一些物理和化学初级教程，为他日后研究自然科学起到了很大帮助。图为巴门市立学校。

1834 年

恩格斯进入埃尔伯费尔德文科中学学习，在一批进步教师的影响下，开始了自己生活史上新的一页。图为埃尔伯费尔德文科中学。

1836年

恩格斯所写的诗歌《我看到远方闪烁的光芒》。页边的素描为恩格斯所作。

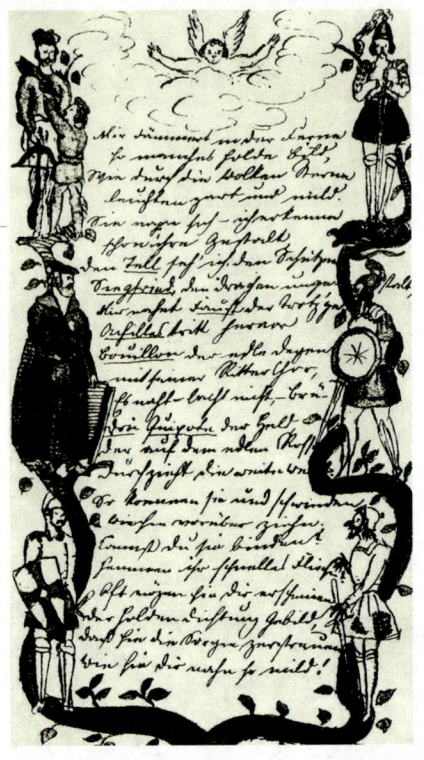

1837年

恩格斯的父亲在巴门附近的恩格斯基兴同曼彻斯特欧门家族合办了欧门—恩格斯纺纱厂。图为恩格斯家在恩格斯基兴的工厂（版画）。

1837年9月

恩格斯退学到父亲开办的公司学习经商。埃尔伯费尔德中学代理校长契克博士在证书中称赞恩格斯"操行优异"，"谦虚、真诚、热情"，"资质甚高"，能"独立思想"，"理解能力很强"，并善于清楚准确地表达自己的思想。图为恩格斯的肄业证书。

1838 年 7 月

恩格斯来到不莱梅,在批发商兼萨克森领事亨利希·洛伊波尔德的商行继续学习经商。图为 19 世纪中叶的不莱梅。

1839 年

恩格斯在《德意志电讯》上匿名发表的第一篇政论文章《乌培河谷来信》,该文反映劳动人民的悲惨遭遇和极度贫困,揭露资产阶级的贪婪和虔诚派教士的伪善。

1841 年

3 月底,恩格斯从不莱梅回到巴门。9 月底,他来到柏林服兵役,当了一年的志愿兵,积累了大量军事方面的基础知识。图为当年恩格斯服兵役的库普费尔格拉本广场的近卫炮兵旅兵营,现改名为弗里德里希·恩格斯兵营。

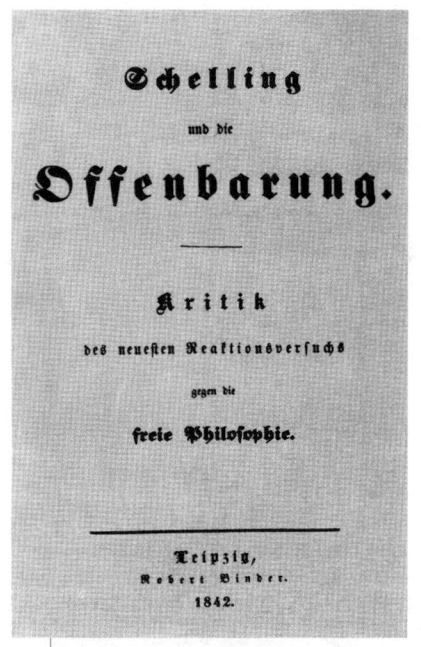 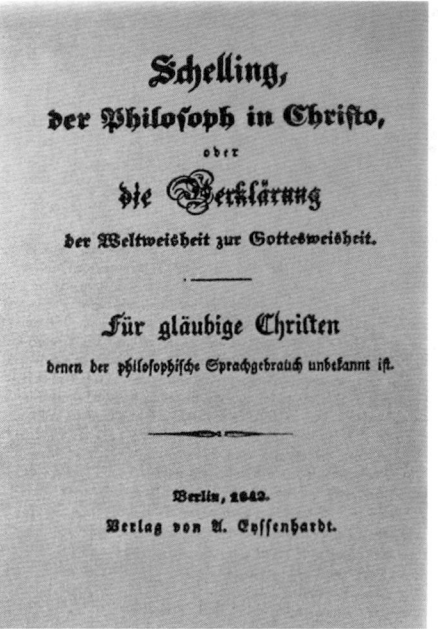

恩格斯在柏林大学听课期间写下了《谢林和启示》(图左)、《谢林——基督哲学家》(图右)等著作,他对柏林大学教授谢林宣扬基督教启示哲学、攻击黑格尔哲学的言论进行了批判,积极评价黑格尔的辩证法哲学。

恩格斯还参加了青年黑格尔派的小团体"自由人"的活动,经常同他们在邮政局大街的"老邮局"酒店里聚会。图为恩格斯于1842年创作的漫画:《卢格在柏林"自由人"中间》。

1842 年

2月初,恩格斯从柏林回到巴门。11月,恩格斯远赴曼彻斯特,在欧门—恩格斯公司继续实习。恩格斯开始深入研究资本主义社会的运行机理,了解工人阶级的生活状况,探索工人阶级的解放道路。恩格斯来到曼彻斯特后不久,认识了纺织女工玛利·白恩士。白恩士是一个有觉悟的爱尔兰工人,她爱憎分明,十分同情爱尔兰民族为争取独立和自由而进行的斗争。她成了恩格斯的知心伴侣。图为朱乃正的油画《一个有觉悟的爱尔兰女工》。

1843 年

恩格斯访问了宪章派机关报《北极星报》编辑部,会见了宪章派领袖哈尼,同他建立了终生不渝的友谊。图为朱理存的中国画《会见宪章派领袖》。

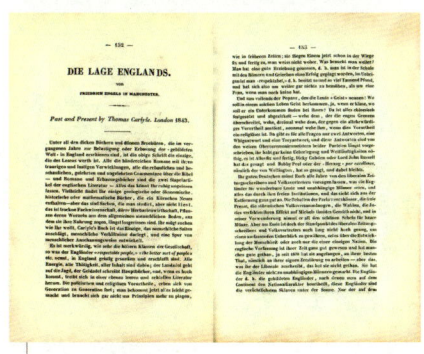
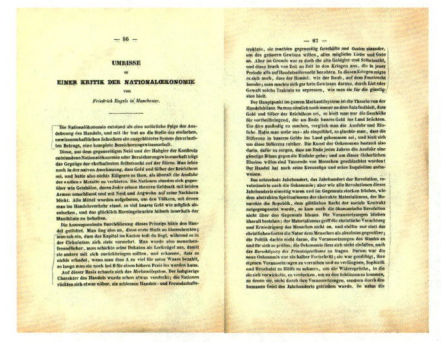

1844 年

恩格斯在《德法年鉴》上发表了《国民经济学批判大纲》(左图)和《英国状况。评托马斯·卡莱尔〈过去和现在〉》(右图),这两篇文章表明恩格斯从唯心主义转到唯物主义、从革命民主主义转到共产主义。

1844年8月

恩格斯绕道巴黎拜访马克思,他们进行了历史性会见,从此开始了共同的工作。图为何孔德的油画《伟大友谊的开端》。

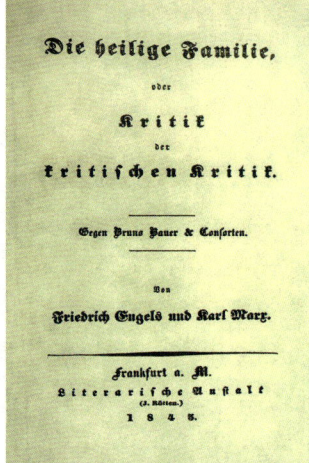

1844年9—11月

马克思恩格斯合写了第一部哲学著作《神圣家族》,批判了以布鲁诺·鲍威尔为首的青年黑格尔派的唯心主义,阐明了辩证唯物主义和历史唯物主义的一些基本原理,论证了无产阶级解放人类的历史使命。

1844年9月至1845年3月

恩格斯利用在英国进行社会调查所收集到的丰富材料,写出了"第一本关于英国的书":《英国工人阶级状况》。

1845 年 7—8 月

恩格斯陪同马克思，用一个多月的时间访问了世界工业最发达的英国。他们在曼彻斯特和伦敦考察了资本主义社会所特有的各种问题，会晤了宪章派和正义者同盟的领袖，阅读了大量新的科学文献，特别是经济学文献。图为高莽的油画《马克思和恩格斯与英国工人在一起》。

1845—1846 年

马克思和恩格斯合写了《德意志意识形态》，第一次比较系统地阐述唯物史观。图为《德意志意识形态》手稿。

1846年

2月，马克思和恩格斯建立了布鲁塞尔共产主义通讯委员会，加强了同各国先进分子的联系。同年8月，恩格斯受共产主义通讯委员会的委托，到巴黎宣传科学社会主义，在巴黎正义者同盟支部会议上对"真正的社会主义"的代表人物卡尔·格律恩以及错误言论进行了抨击。图为高虹的油画《宣传共产主义》。

1847年

马克思和恩格斯接受正义者同盟邀请，加入同盟。恩格斯在6月参加了正义者同盟举行的代表大会，大会同意将正义者同盟改名为共产主义者同盟，把同盟的口号"人人皆兄弟"改为"全世界无产者，联合起来！"图为高莽的油画《参加共产主义者同盟成立大会》。

同盟第一次代表大会后，恩格斯为同盟草拟了纲领草案——《共产主义信条草案》。

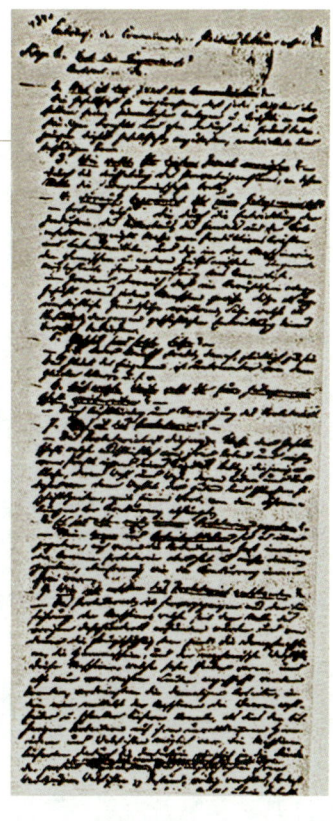

1847年10月底—11月

恩格斯为共产主义者同盟起草纲领草案《共产主义原理》。图为刘文西的素描《写作〈共产主义原理〉》。

1847年11月29日至12月8日

共产主义者同盟举行第二次代表大会。马克思和恩格斯作为代表出席了这次大会，并委托以宣言的形式起草同盟的纲领。图为同盟第二次代表大会会址："红狮"旅馆。

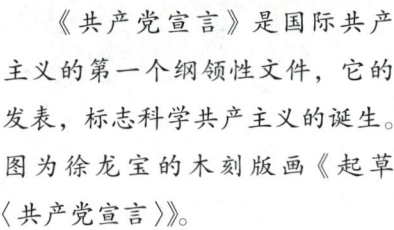

《共产党宣言》是国际共产主义的第一个纲领性文件，它的发表，标志科学共产主义的诞生。图为徐龙宝的木刻版画《起草〈共产党宣言〉》。

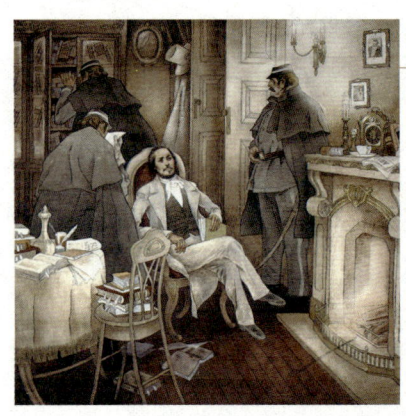

1847年12月31日恩格斯在巴黎德国革命流亡者新年宴会上发表演说，被警察指责是敌视政府的举动。1848年1月29日，法国政府勒令恩格斯在24小时内离开巴黎，三天内离开法国，否则将引渡给普鲁士政府。警察还在深夜闯入恩格斯寓所，企图查抄"材料"。恩格斯不得不立即离开法国，前往布鲁塞尔。图为刘向平的中国画《逼离巴黎》。

1848 年 3 月

德国三月革命爆发后，马克思和恩格斯根据德国革命形势的发展，在巴黎共同起草了共产主义者同盟在德国革命中的政治纲领——《共产党在德国的要求》。图为 1848 年 3 月 30 日左右在巴黎印刷的《共产党在德国的要求》。

1848 年 4 月初

马克思和恩格斯回到德国，在科隆筹办《新莱茵报》，作为指导革命斗争的思想阵地。图为《新莱茵报》创刊号。

1848年9月13日

科伦工人联合会和民主协会召开民众大会,成立安全委员会。大会通过了恩格斯提出的《致柏林协议书》。图为陈衍宁的水粉画《在科伦民众大会上》。

1848年7月1日

《新莱茵报》登载的恩格斯文章《六月革命(巴黎起义的过程)》。马克思称六月起义是无产阶级与资产阶级的第一次伟大的战斗。

1848 年 8 月 12 日

《新莱茵报》登载恩格斯的《意大利的解放斗争与它目前失利的原因》一文。

1849 年 5 月 19 日

《新莱茵报》登载恩格斯的《匈牙利》一文。

1848 年 6 月 21 日

《新莱茵报》登载恩格斯的《波兰实施新政》一文。

1848 年 6 月 14 日

《新莱茵报》登载恩格斯的《关于革命的柏林辩论》一文。

1848 年革命中，恩格斯被比利时警察逮捕并押解出境。1848 年 10 月 5 日，恩格斯到达巴黎，逗留数日后步行来到瑞士，在伯尔尼暂住，等待时机重返科伦。恩格斯将从巴黎到伯尔尼的经历写在《从巴黎到伯尔尼》中。图为《从巴黎到伯尔尼》手稿的第 1 页。

1849 年 2 月

普鲁士当局以侮辱检察官和诽谤宪兵的罪名传讯《新莱茵报》主编马克思和编辑恩格斯。在科隆的法庭上，马克思和恩格斯通过大量证据有力驳斥了对他们的污蔑，法庭不得不宣告他们无罪。图为李天祥、赵友萍的油画《法庭上的胜利》。

1849 年

5 月初德国爆发维护帝国宪法的武装起义。5 月 9 日，埃尔伯费尔德起义爆发后，恩格斯立即组织军队前往埃尔伯费尔德参加起义。图为恩格斯带人设置路障。

235

1849年6月中旬

恩格斯参加了巴登—普法尔茨革命军,担任维利希的副官,同维利希一起制定作战计划,并亲自参加了四次战斗,其中一次是著名的拉施塔特会战。图为杨太红的油画《在普法尔茨前线》。

1849年10月初恩格斯离开瑞士,绕道意大利,从热那亚乘船,经过五个星期的航行,于1849年11月10日抵达英国伦敦,准备同马克思一起重新开展革命的宣传和组织工作。图为甘正伦、王庆明的中国画《赴伦敦途中》。

1850年3月和6月

恩格斯与马克思起草的《中央委员会告共产主义者同盟书》是同盟领导在1848—1849年革命后发出的重要文件。对于同盟的改组起了重大作用。其中总结了欧洲革命的经验，制定了无产阶级在未来革命中的纲领和策略。图为毛凤德油画《讨论〈告同盟书〉》。

1850年3—11月

1850年马克思和恩格斯在伦敦创办的《新莱茵报。政治经济评论》在汉堡出版，马克思和恩格斯在上面发表了总结1848—1849年革命经验的一系列著作，丰富和发展了无产阶级革命理论。图为第5—6期上的恩格斯的文章《德国农民战争》。

1850年11月

恩格斯重新回到曼彻斯特欧门—恩格斯公司办事处工作,从此开始了长达20年的商业工作。图为恩格斯在曼彻斯特的住宅:曼彻斯特牛津街特隆克利夫小林坊6号。

1851年1月5日

恩格斯出席宪章派曼彻斯特委员会组织的公开集会,支持琼斯同妥协派进行斗争。图为李骏的相关题材油画。

1852 年 10 月 28 日

马克思、恩格斯等人写的"科伦审判案"的《声明》。该《声明》曾发表在多种英文杂志上。

1857 年 7 月

恩格斯到海滨疗养。马克思对自己最亲密的战友的健康极为关怀，于 10 月初到泽稷岛圣黑利厄尔探望恩格斯，并同恩格斯一起去看望正在患结核病的共产主义者同盟时期的老战友康拉德·施拉姆。图为谢志高的中国画《探望亲密战友》。

1857年6月5日

恩格斯的《波斯和中国》发表在《纽约每日论坛报》上。这是一部论述人民战争和游击战争在落后国家或弱小民族反侵略战争中的意义和作用问题的军事著作。

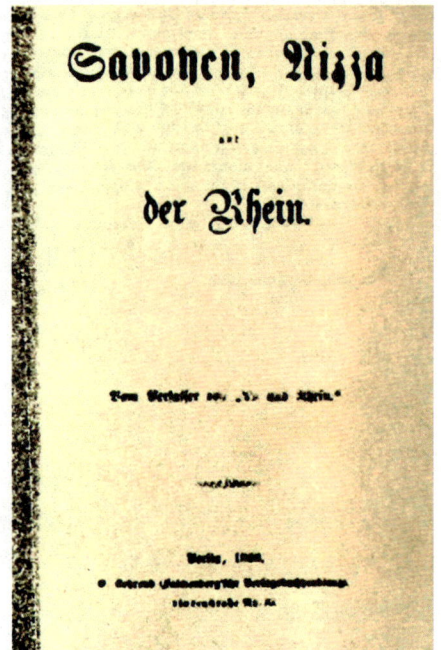 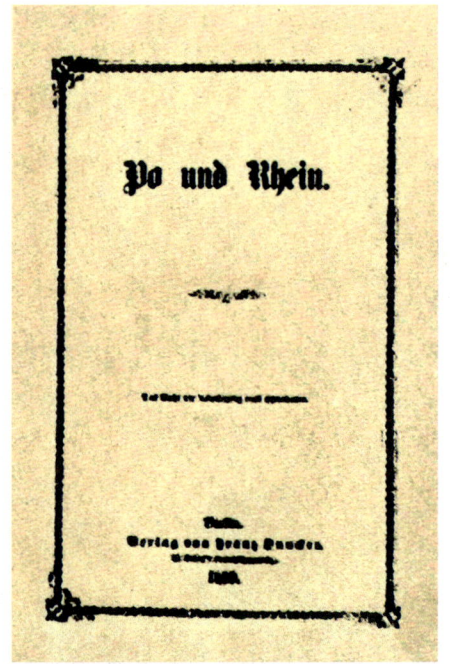

1859年初恩格斯在德国匿名发表了小册子《波河与莱茵河》（图左），1860年发表了续篇《萨瓦、尼斯和莱茵》（图右）。这两部著作在德国产生了很大影响，实际上是对拉萨尔在德国统一道路问题上的错误观点的驳斥。

1865 年 1 月 27 日—2 月 11 日

恩格斯撰写的《普鲁士军事问题和德国工人政党》。

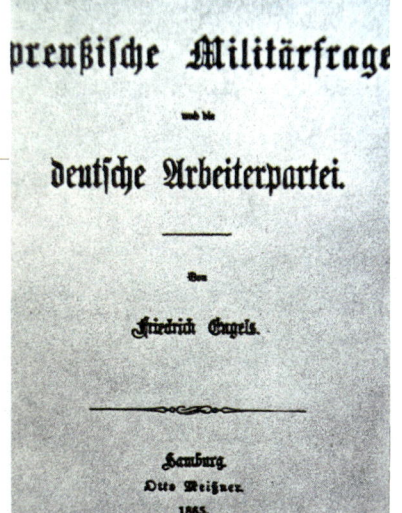

1869 年 9 月

恩格斯再次访问了爱尔兰,陪同他访问的有他的夫人莉希和马克思的小女儿爱琳娜。图为张红年的油画《访问爱尔兰》。

1969 年 10—12 月

恩格斯着手撰写《爱尔兰史》。图为恩格斯草拟的《爱尔兰史》写作大纲。

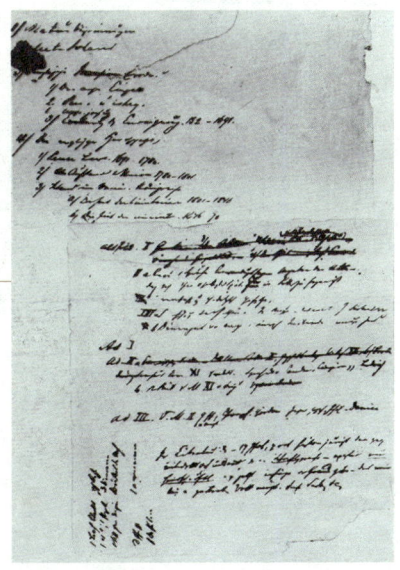

241

1869 年 6 月 30 日

恩格斯终于实现了多年的愿望,结束了在曼彻斯特欧门—恩格斯公司的工作。从此以后,他就完全献身于无产阶级革命事业,专心致力于政治和理论研究活动。图为韩国臻的中国画《一个自由人》。

1870 年 9 月 20 日

恩格斯迁居伦敦,住在离马克思家不远的瑞琴特公园路。从此两人朝夕相处,共同商讨理论问题和革命工作。图为伦敦瑞琴特公园路 122 号,1870 年 9 月至 1894 年 10 月恩格斯居住在这里。

1870 年 10 月 4 日

恩格斯入选为国际总委员会的会议做记录。恩格斯在伦敦定居后,参与了国际总委员会的工作,先后成为总委员会比利时、意大利、西班牙、葡萄牙和丹麦的通讯书记。

1871年3月21日

恩格斯在国际总委员会会议上第一次报告了巴黎起义的情况。图为顾盼的素描《恩格斯向国际总委员会报告巴黎事情》。

1871年6—12月马克思和恩格斯组织对巴黎公社流亡者的救济和援助，领导了国际工人协会总委员会成立的流亡者委员会的工作，设法为流亡的公社社员寻找工作。

1871年，为总结公社的历史经验和教训，马克思撰写了《法兰西内战》这部重要著作。6月中—约7月26日，恩格斯把马克思的著作《法兰西内战》译成德文。图为《法兰西内战》1871年德文版。

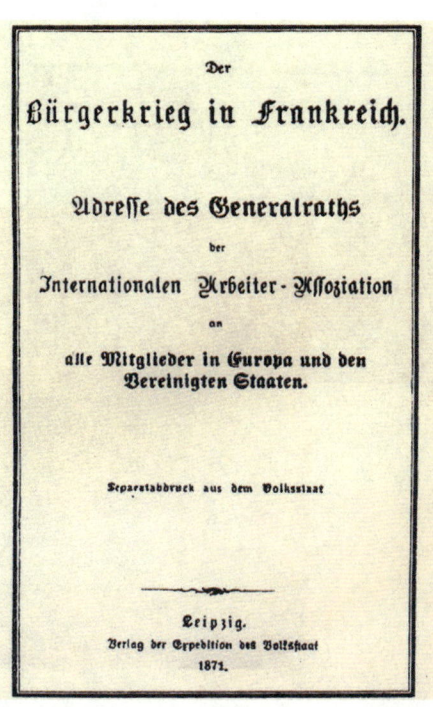

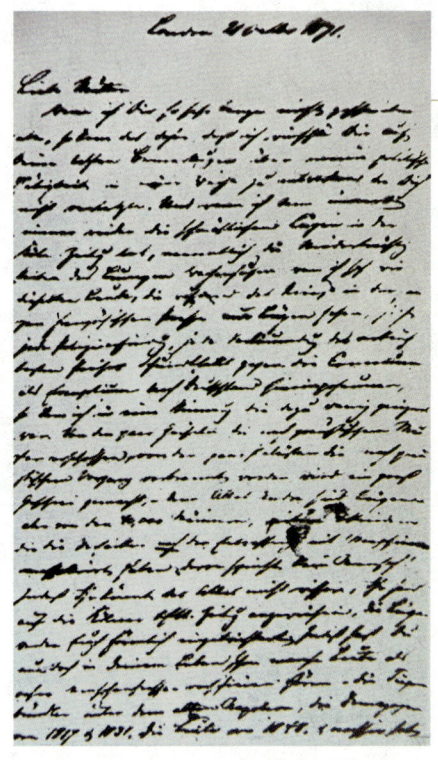

1871年10月21日

恩格斯写信给母亲,他理解母亲对他支持巴黎公社言论的担忧,同时又委婉而坚定地表达了自己的无产阶级立场。

1871年9月

巴黎公社失败后,各国统治阶级加紧对革命者和国际工人协会成员进行迫害。与此同时,巴枯宁分子和工联机会主义分子又从内部进行捣乱破坏。为了总结巴黎公社的经验,揭露巴枯宁无政府主义的反动本质并对国际的进一步发展做出具体决定,国际工人协会在恩格斯的建议下,于1871年9月在伦敦召开了秘密代表会议,做出了《关于工人阶级的政治行动》等决议。图为李台还的油画《在伦敦代表大会上》。

伦敦会议后，马克思和恩格斯写了《所谓国际内部的分裂》，对巴枯宁分子更加肆虐的分裂活动进行了驳斥，揭露了他们分裂活动的真正目的。

1872 年 9 月

召开国际海牙代表大会。这次大会是历届代表大会中最有代表性的一次。恩格斯代表总委员会向大会提出了关于社会主义民主同盟的报告。大会通告了由马克思和恩格斯起草的各项决议，决定将巴枯宁等人开除出国际，大会批准了伦敦代表会议关于无产阶级必须建立独立政权的决议，还决定把总委员会驻地迁往纽约。图为马振声的中国画《抵达海牙》。

海牙代表大会后，马克思和恩格斯继续揭露巴枯宁分子的面目，他们合写了小册子《社会主义民主同盟和国际工人协会》，进一步批判巴枯宁的无政府主义。

1872年

恩格斯发表《论住宅问题》,批判了蒲鲁东主义者和资产阶级改良主义者提出的种种"救世计划",阐发了科学社会主义的基本原理。图为1872年莱比锡出版的恩格斯的《论住宅问题》。

1875年2月

德国社会民主工党(爱森纳赫派)和全德工人联合会(拉萨尔派)在哥达召开合并预备会议,并拟定了纲领草案,恩格斯看到草案后,于1875年3月18—28日致信奥·倍倍尔批判爱森纳赫派对拉萨尔派做无原则让步。

1875 年

马克思写了《德国工人党的纲领批注》即《哥达纲领批判》，系统地批判了纲领草案中的拉萨尔主义观点，阐明了自己对德国工人党纲领草案的立场。图为哥达会议图。

1876 年柏林大学讲师欧根·杜林的小资产阶级社会主义观点在德国社会主义工人党内部流行起来。应德国党的要求，为驳斥杜林的冒牌社会主义，捍卫科学社会主义，恩格斯毅然中断自己的研究工作，于 1876 年秋至 1878 年 4 月写了科学论著《反杜林论》，陆续发表在党的中央机关报《前进报》上。马克思协助收集有关资料，并写了其中的一章。这部著作全面系统地阐明了马克思主义的三个组成部分——马克思主义哲学、政治经济学和科学社会主义的基本原理。图为 1878 年莱比锡出版的恩格斯的《反杜林论》。

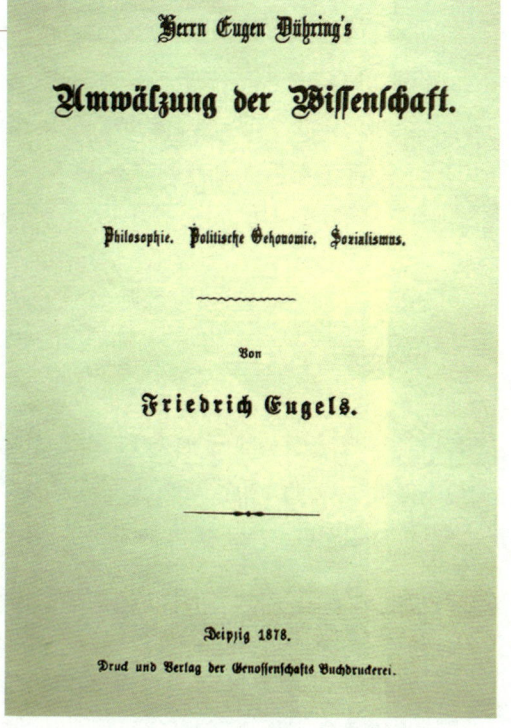

自1873年起,恩格斯深入研究自然界和自然科学中的辩证法问题,拟撰写《自然辩证法》一书。他在1873—1876年和1878—1883年先后八年中,把大部分时间用来进行这方面的工作。《自然辩证法》第一次提出了人类起源于劳动的学说。图为汪晓曙的版画《撰写〈自然辩证法〉》。

1878年9月12日

恩格斯的妻子莉希因病逝世。莉希是恩格斯前妻玛利·白恩士的妹妹,一个有觉悟的爱尔兰女工。1863年玛利逝世后,她与恩格斯结为夫妇,是恩格斯的忠实伴侣。图为恩格斯为妻子莉希所做的画像。

1879年9月17—18日

马克思和恩格斯共同起草给奥·倍倍尔、威廉·李卜克内西、威·白拉克等人的通告信,批评在反社会党人法实施以后德国社会主义工人党内出现的机会主义倾向。

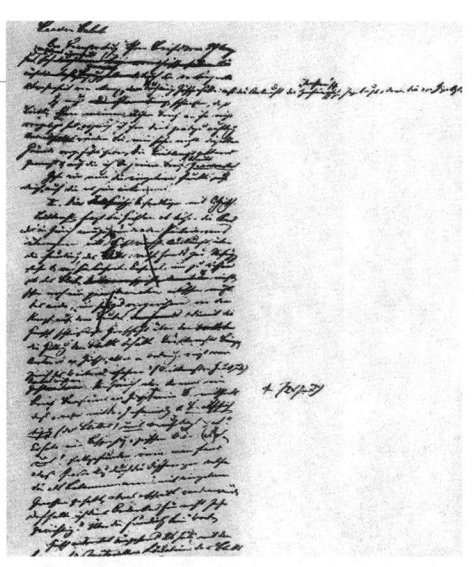

1880年恩格斯应保尔·拉法格的请求,把《反杜林论》中的三章改写成为一篇独立的通俗著作,以《空想社会主义和科学社会主义》为题发表在法国社会主义杂志《社会主义评论》上,后又以单行本的形式于同年出版。1883年这本小册子出版了德文版,书名为《社会主义从空想到科学的发展》。图为1880年《社会主义从空想到科学的发展》法文版。

1880—1883 年

1880 年 5 月 10 日前后，马克思、恩格斯应保·拉法格和茹·盖得的请求，帮助制定法国工人党纲领。马克思口授了法国工人党纲领导言，即纲领的理论部分。

1881 年 8 月 17—18 日，恩格斯研究马克思的数学手稿，并在信中对马克思的观点给予高度评价。

1881 年 12 月 2 日，马克思的夫人燕妮·马克思在伦敦逝世。恩格斯于 12 月 5 日在燕妮的葬礼上发表讲话。

1882 年 1 月 21 日，马克思和恩格斯为格·瓦·普列汉诺夫翻译的《共产党宣言》俄译本撰写序言。

1882 年 4 月下半月，恩格斯撰写《布鲁诺·鲍威尔和原始基督教》。

1882 年 9 月中—12 月，恩格斯为出版《社会主义从空想到科学的发展》德文第一版进行工作。

1883 年 3 月 14 日，卡尔·马克思在伦敦逝世。3 月 17 日 马克思的葬仪在伦敦海格特公墓举行。恩格斯发表墓前讲话。图为何孔德的丙烯画《简朴的葬仪》。

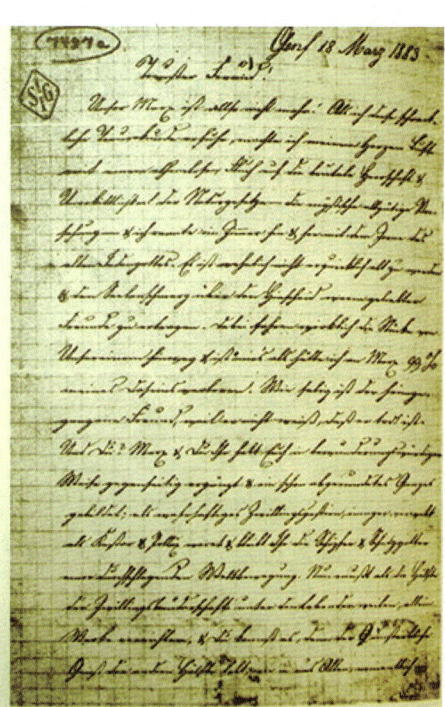

恩格斯写的马克思墓前悼词

1883年3月下半月

恩格斯放下自己的科学研究工作，着手整理马克思的遗稿。马克思遗留下的大批手稿、笔记和摘录，都是无价的精神财富。恩格斯认为它们"贵似金玉"，他在爱琳娜的帮助下，专门用了一年的时间来清理这些遗稿。图为潘鸿海的素描《整理遗稿》。

1883—1884年

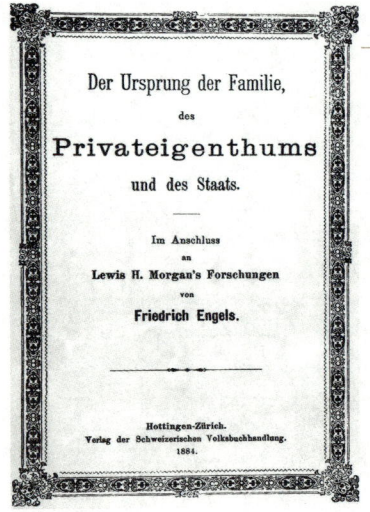

1883年6月28日，恩格斯为《共产党宣言》1883年德文版撰写序言。

1883年12月—1884年10月，恩格斯审定马克思的著作《哲学的贫困》的德译本，为这个版本撰写序言和注释。

1884年2月初，恩格斯完成了马克思的《资本论》第一卷的修订工作后，出版了该书德文第三版。

1884年2月中—3月初，恩格斯撰写《马克思和〈新莱茵报〉(1848—1849年)》。

1884年3月底到5月底写成了《家庭、私有制和国家的起源》一书。列宁称它是"现代社会主义私有制主要著作之一"。图为《家庭、私有制和国家的起源》德文第一版。

1884年6月

卧病在床的恩格斯开始整理并编辑《资本论》第二卷。他每天从上午十点到下午五点向秘书口授马克思的手稿，晚上对口授的笔录进行修改和加工。1885年7月恩格斯编辑的马克思《资本论》第二卷在汉堡出版。图为姚有多的中国画《口授〈资本论〉》。

1885年

2月底,恩格斯开始整理《资本论》第三卷手稿。这一工作持续了近十年时间。

10月8日,恩格斯写完《关于共产主义者同盟的历史》,作为马克思的著作《揭露科隆共产党人案件》德文第三版的引言。

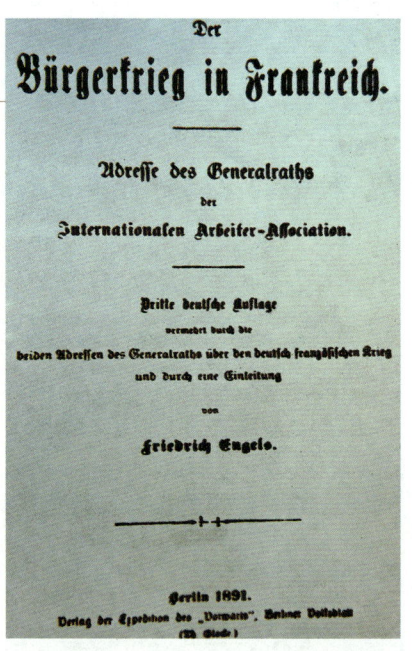

1886—1887年

1886年年初,恩格斯撰写《路德维希·费尔巴哈和德国古典哲学的终结》。

1886年3月15日,恩格斯写信给法国社会主义者,在纪念巴黎公社十五周年之际表示与他们团结一致。

1887年1月初,经恩格斯审定的《资本论》第一卷英文版出版。

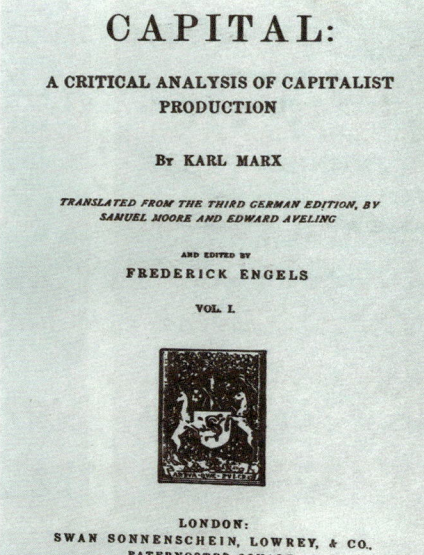

1887年

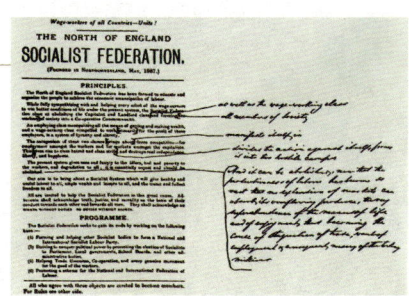

1887年1月26日，恩格斯写完《英国工人阶级状况》一书美国版的序言。这篇序言后经恩格斯译成德文以《美国工人运动》为题单独发表。

1887年3月—1888年1月，恩格斯审定《共产党宣言》的英译本，为这个版本作注和撰写序言。

1887年12月下半月—1888年4月，恩格斯撰写《暴力在历史中的作用》。

1887年恩格斯修正过的"英国北方社会主义联盟纲领"（图右）。

1888年

4月—5月9日，恩格斯审定马克思《关于自由贸易问题的演说》的英译文，并撰写序言。序言以《保护关税制度和自由贸易》为题先期单独发表。

5月上半月，《路德维希·费尔巴哈和德国古典哲学的终结》一书的单行本出版。

同年夏，恩格斯在好友、化学家肖莱马教授和马克思的小女儿爱琳娜·马克思的陪同下，到美国和加拿大作了一次长途旅行。恩格斯在纽约拜访了老战友左尔格，商讨共产主义者今后在美国的革命活动。图为高莽的油画《访问美国》。

19世纪80年代末，马克思主义在各国工人运动中的影响日益扩大，在恩格斯的关怀和帮助下，1889年7月14—21日在巴黎贝德尔大厅举行了由22个国家和地区数百名代表参加的国际社会主义工人代表大会，第二国际从此宣布成立。图为汪晓曙的版画《第二国际成立大会》。

1889年8月31日

恩格斯发表在《工人选民》上一篇"关于伦敦码头工人罢工"的文章。

1889年12月—1890年2月

恩格斯鉴于法德之间矛盾激化，法俄之间出现相互接近的迹象以及爆发全欧战争的危险日益增长，研究欧洲局势，撰写《俄国沙皇政府的对外政策》。

1890年2—5月

2月21日—4月12日,恩格斯在文章和书信中高度评价社会民主党在德意志帝国国会选举中获得胜利的意义。

4月—5月初,恩格斯密切关注根据1889年国际社会主义工人代表大会决议在伦敦举行五一节示威游行和群众大会的准备工作。

5月1日,恩格斯为《共产党宣言》1890年德文版撰写序言。

第二国际巴黎代表大会决定,每年5月1日举行大规模的示威游行。从此,这一天就成为国际无产阶级的节日——五一国际劳动节。图为杨克山的水粉画《检阅无产阶级的战斗力量——1890年5月4日恩格斯参加伦敦第一次举行的五一节示威活动》。

1890年7—11月

7月1—26日,恩格斯和卡·肖莱马到挪威旅行。

10月底11月初,经恩格斯审定的《资本论》第一卷德文第四版出版。

11月28日是恩格斯70岁寿辰。祝寿的电报和信件如雪片一样从世界各地飞来。恩格斯衷心感谢朋友和同志们的真挚关怀,并谦虚地把这一切荣誉都归功于他的亡友马克思。图为陈光健的中国画《祝寿》。

1890年

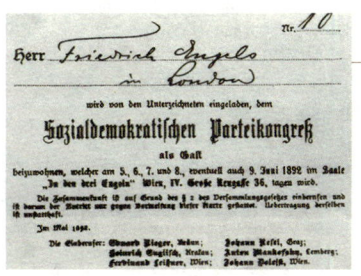

19世纪90年代,欧洲各国工人党纷纷邀请恩格斯参加他们的代表大会,表示对他的尊敬和爱戴,希望得到他的宝贵建议和指导。图为1890年邀请恩格斯参加匈牙利社会民主党代表大会的请柬。

1890年12月—1891年3月

1890年12月—1891年1月6日，恩格斯整理发表马克思于1875年写的《哥达纲领批判》的手稿，并撰写序言。

1891年3月14日，恩格斯为纪念巴黎公社二十周年而准备出版的马克思的著作《法兰西内战》德文第三版写的导言(图右)。

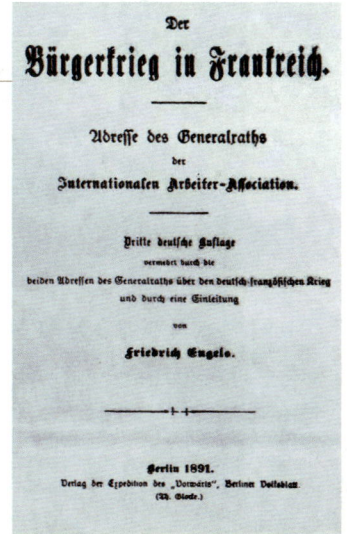

1891年4—5月

4月30日，恩格斯为马克思《雇佣劳动与资本》新版单行本撰写导言。

5月3日，恩格斯参加伦敦海德公园举行的示威游行。图为集会时上讲台的记者证。

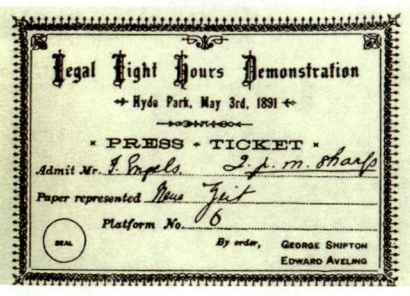

1891年6月

6月16日，恩格斯写完《家庭、私有制和国家的起源》第四版序言，序言以《关于原始家庭的历史（巴霍芬、麦克伦南、摩尔根）》为题先期发表。

6月19—27日之间，恩格斯撰写《1891年社会民主党纲领草案批判》。图为恩格斯的手稿《1891年社会民主党纲领草案批判》的开头部分。

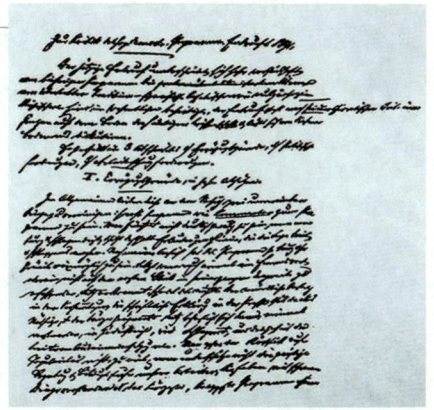

1891年9月—1892年5月

1891年9月8—23日左右，恩格斯和路易莎·考茨基、玛丽·埃伦·罗舍到爱尔兰和苏格兰旅行。

1891年10月13—22日之间，恩格斯撰写《德国的社会主义》。

1892年2月10日，恩格斯为《共产党宣言》波兰文版撰写序言。

1892年4月20日，恩格斯写完《〈社会主义从空想到科学的发展〉英文版导言》。

1892年5月1日，恩格斯参加在伦敦举行的五一节示威游行和群众大会。图为人群中的马克思和爱琳娜等人。

1892年11月—1893年8月

1892年11月9—25日之间，恩格斯为《政治科学手册》撰写马克思传略。

1892年11月—1893年7月，恩格斯准备出版《资本论》第二卷德文第二版。

1893年1月底—4月，恩格斯写信给奥地利、德国、捷克、西班牙和法国工人庆祝五一节，指出庆祝这一节日对无产阶级国际团结的意义。

1893年2月1日，恩格斯撰写《共产党宣言》意大利文版序言。

1893年2月13—23日之间，恩格斯撰写题为《欧洲能否裁军？》的一组文章。

1893年3月31日，根据恩格斯的倡议，德国、法国和英国的社会主义者议员奥·倍倍尔、保·拉法格和约·白恩士在恩格斯家里会晤。恩格斯认为这次会晤本身证明国际工人运动取得了巨大成就。

1893年5月7日，恩格斯参加伦敦的五一节示威游行。

1893年5月11日，恩格斯对法国《费加罗报》记者发表谈话。

1893年7月15日，恩格斯为《资本论》第二卷德文第二版撰写序言。

1893年，73岁的恩格斯在路易莎和她的未婚夫路·弗赖贝格尔的陪同下，到德国、瑞士和奥地利等地旅行，受到朋友们和当地工人群众的热烈欢迎。8月12日，恩格斯来到苏黎世，参加了第三次国际社会主义工人代表大会的最后一次会议，并在大会上致闭幕词。图为何多苓的油画《在苏黎世第三次国际社会主义工人代表大会上》。

1893 年

9 月 16 日，恩格斯到达柏林，在火车站受到威廉·李卜克内西父子和理查·费舍等人的欢迎。9 月 22 日社会民主党举行大会欢迎恩格斯，恩格斯在会上发表了演说。图为马常利的油画《在柏林火车站》。

1893 年 9 月 22 日

恩格斯在柏林社会民主党大会上发言。

1893年12月—1895年7月

1893年12月19日，恩格斯写信祝贺在日内瓦举行的国际社会主义者大学生代表大会。

1894年1月3日，恩格斯为《〈人民国家报〉国际问题论文集（1871—1875）》撰写序言，论文集收录了1871—1875年他在《人民国家报》上发表的文章。恩格斯专门为这本论文集中《论俄国的社会问题》一文写了跋。

1894年1月26日，恩格斯撰写《未来的意大利革命和社会党》。

1894年6月19日—7月16日之间，恩格斯撰写《论原始基督的历史》。

1893年7月29日，恩格斯写了一份遗嘱，右图是遗嘱手稿的第一页。1895年7月，恩格斯又对遗嘱做了补充。

1894年

10月4日，恩格斯写完《资本论》第三卷序言；表达了继续整理《资本论》第四卷即《剩余价值理论》的愿望。

11月，恩格斯撰写的《法德农民问题》发表在《新时代》上（图右）。

1894 年 11 月 14 日

To Laura Lafargue and Eleanor Marx Aveling.

My dear girls

I have to address to you a few words with regard to my will.

First you will find that I have taken the liberty of disposing of all my books, including those received from you after Mohr's death, in favour of the German party. The whole of these books constitute a library so unique, and so complete at the same time, for the history and study of Modern Socialism and all the sciences on which it is dependent, that it would be a pity to disperse it again. To keep it together, and to place it at the same time at the disposal of those desirous to use it, has been a wish expressed to me long ago by Bebel and other leaders of the German Socialist Party, and as they do indeed seem to be the best people for that purpose, I have consented. I hope that under the circumstances you will pardon my action and give your consent too.

Second. I have had many a discussion with Sam Moore as to the possibility of providing in my will, in some way for our dear Jenny's children. Unfortunately, English law stands in the way. It could only be done under almost impossible conditions, where the expenses would more than absorb the funds to be taken care of. I therefore

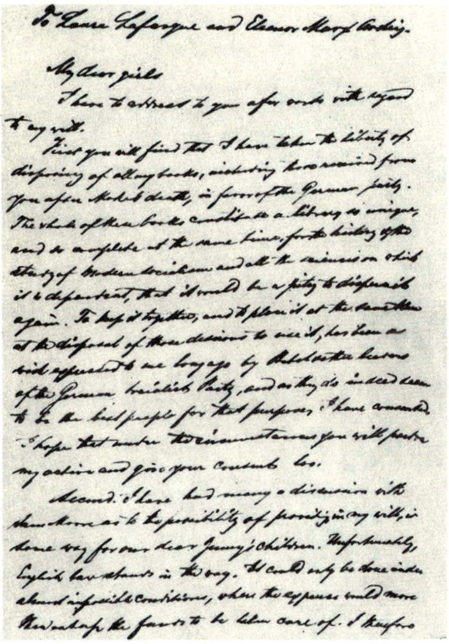

恩格斯给劳拉和爱琳娜的信中对他的遗嘱做了说明。

Lettres de Frédéric Engels sur la Russie.

БИБЛІОТЕКА СОВРЕМЕННАГО СОЦІАЛИЗМА

Серія II. — Выпускъ III.

ФРИДРИХЪ ЭНГЕЛЬСЪ О РОССИИ

1) Отвѣтъ П. Н. Ткачеву (1875 г.)

2) Послѣсловіе къ нему (1894 г.)

ПЕРЕВОДЪ СЪ НѢМЕЦКАГО

В. ЗАСУЛИЧЪ

ЖЕНЕВА

Типографія „СОЦІАЛЬ-ДЕМОКРАТА", Route de Lancy, 6

1894

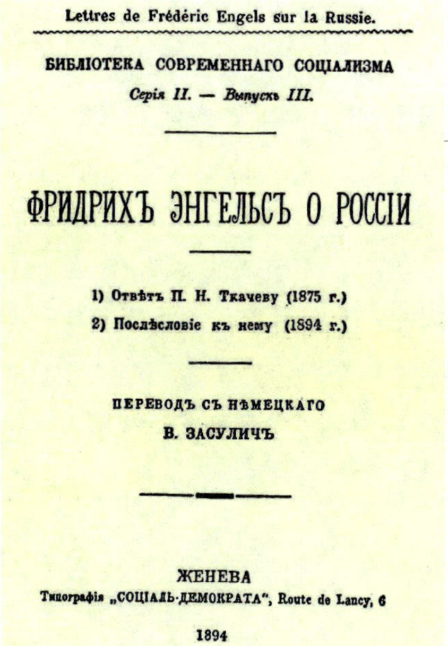

1894 年

12 月初，恩格斯编辑的《资本论》第三卷在汉堡出版。

由“劳动解放社”出版的《弗里德里希·恩格斯论俄国》一书的扉页。译者是查苏利奇。

1895年

上半年，恩格斯就出版马克思和他自己的著作的全集和文集同路·库格曼、理·费舍、弗·梅林等人通信。

2月14日—3月6日之间，恩格斯重新出版了马克思的《1848年至1850年的法兰西阶级斗争》，并写了序言。图为该书扉页，上面有恩格斯给格·瓦·普列汉诺夫的亲笔题词。

1895年

4月初—6月初，恩格斯写《资本论》第三册增补。

5月，恩格斯开始出现食道癌的症状。

6月中—7月24日，恩格斯最后一次在伊斯特本休养。

7月23日，恩格斯给劳拉写信。图为恩格斯最后一封亲笔信。

1895 年 6 月

　　恩格斯因病到他所喜欢的伊斯特本疗养。图为汤小铭的油画《海滨疗养》。

1895 年 8—9 月

　　8 月 5 日，弗里德里希·恩格斯在伦敦逝世。8 月 10 日，在伦敦威斯敏斯特桥的滑铁卢车站大厅，举行了恩格斯的追悼会，参加追悼会的有恩格斯的亲属、战友等 80 余人。威廉·李卜克内西、奥古斯特·倍倍尔和保尔·拉法格等在追悼会上致词。9 月 27 日，恩格斯的骨灰罐投葬在伊斯特本海滨的岩崖附近的海中。图为闻立鹏的油画《悼念一代伟人》。